シリーズ旅する日本百選 ①

名城を訪ねる旅

東日本編

はじめに

本書は「旅する日本百選」と題して、
日本が国内外に誇る歴史的建造物や資産を紹介するシリーズです。
また、単なる史跡紹介にとどまらず、
読者の方に「旅情も味わってもらいたい」という思いも込めて企画しました。

ウェブサイト「日本百選 都道府県別データベース」(http://j100s.com)には、
現在185ジャンルにも及ぶ「日本百選」が登録されています。
その中には「城」「神社」「寺院」などの王道のジャンルから
「マンホールの蓋」といった変わり種まで、多種多彩です。

そのあまたのジャンルから、われわれが最初に選んだのが、
本書「名城を訪ねる旅 東日本編」になります。

城に関しては、現在「日本名城百選」「日本百名城」の2つが一般に知られています。

本書では上記の2つを参考にしながら、「旅情も味わえる城」というエッセンスを加え、
東日本50城、西日本50城の計100城を独自に選定しました。
また、「誰もが訪れることができる城」という観点から、
公共交通機関の利用が可能な城を中心に選んでおります。

城の紹介に関しても、従来の城単体の紹介にとどまらず、
周辺地域の観光スポットも併せて紹介しています。
城を中心に、城下町や街の旅情も存分に味わってください。

城の選定に当たっては城郭考古学者の千田嘉博先生から助言をいただいたほか、
特別対談として城郭ライターの萩原さちこさん、
お城博士ちゃんでおなじみの栗原響大くんに、
「城巡りの旅」の醍醐味を聞いています。

さあ、みなさんも本書を片手に
全国の名城巡りの旅を存分に楽しんでください。
そして、あなただけの「旅情」をぜひ味わってください。

2021年8月
「名城を訪ねる旅」製作委員会

城の基本用語

☑ 馬出し（うまだし）

堀の対岸にあった出撃のための空地で、道の屈曲と組み合わせた出入口。堀と土塁あるいは石垣を設け、味方の出撃をサポートでき、敵の侵入も防げた。主にコの字形の角馬出し、半円形の丸馬出しがあった。

☑ 曲輪（くるわ）

城を構成する空間で、「丸」とも呼ぶ。城の中心の曲輪を主郭や本丸などと呼び、中心に近い曲輪から二の丸、三の丸とするのが一般的。

☑ 惣構え（そうがまえ）

城下を土塁や石垣、堀で囲んだ空間、またはその防御施設を指す。

☑ 天守（てんしゅ）

城の最も高い場所や重要な部分に立てたシンボル的な建物。天守のない城や天守台を造りながら天守を築かなかった城もある。現存天守（P18）のほか、現在はさまざまな復元天守がある。

☑ 土塁（どるい）

曲輪の周囲に土を盛ったり削り出したりしてつくった防御。

☑ 縄張り（なわばり）

城づくりで、曲輪の配置、堀や土塁の巡らせ方、門の位置などを決めた平面設計のこと。

☑ 堀（ほり）

城の周囲を掘り、敵の侵入を防いだ。水をたたえた堀が「水堀」、水のない堀が「空堀」、尾根を切った空堀を「堀切り」と呼ぶ。

☑ 枡形（ますがた）

石垣や土塁で四角い、空間と道の屈曲を組み合わせた出入口。城外に突出した「外枡形」、城内に設けた「内枡形」があった。

☑ 櫓（やぐら）

城壁の角などに立って、物見や攻撃・防御拠点、武器・兵糧の保管庫などさまざまな用途で使用した建物。

［ 石垣の積み方 ］

☑ 野面積み（のづらづみ）

自然石を加工せず、大きさや形が不揃いの石を積む技法。

☑ 打ち込みハギ（うちこみはぎ）

切石を用い、石材の接合部分を加工して隙間を減らした積み方。

☑ 切り込みハギ（きりこみはぎ）

石を四角く切って隙間なく積んだ。加工石材を使うことで、間詰石が不要になった。

☑ 算木積み（さんぎづみ）

石垣の隅部の石材を、長辺と短辺が交互に積んだ技法。同じ横幅の隅石を積んだ重ね積みも近世初頭まで広く用いた。

シリーズ
旅する日本百選①

名城を
訪ねる旅
東日本編

目次

会津若松城

松本城

「名城を訪ねる旅」掲載一覧マップ

西日本編

51〜100 は令和3年9月下旬発売予定の「名城を訪ねる旅 西日本編」で紹介します。

- 51 彦根城
- 52 安土城
- 53 小谷城
- 54 長浜城
- 55 二条城
- 56 福知山城
- 57 周山城
- 58 大坂城
- 59 姫路城
- 60 赤穂城
- 61 竹田城
- 62 明石城
- 63 信貴山城
- 64 和歌山城
- 65 鳥取城
- 66 松江城
- 67 津和野城
- 68 備中松山城
- 69 岡山城

- 70 津山城
- 71 広島城
- 72 福山城
- 73 岩国城
- 74 萩城
- 75 徳島城
- 76 丸亀城
- 77 高松城
- 78 松山城
- 79 大洲城
- 80 今治城
- 81 宇和島城
- 82 高知城
- 83 福岡城
- 84 小倉城
- 85 吉野ヶ里
- 86 佐賀城
- 87 名護屋城
- 88 島原城

- 89 平戸城
- 90 熊本城
- 91 人吉城
- 92 大友氏館
- 93 大分府内城
- 94 岡城
- 95 臼杵城
- 96 延岡城
- 97 鹿児島城
- 98 首里城
- 99 今帰仁城
- 100 中城城

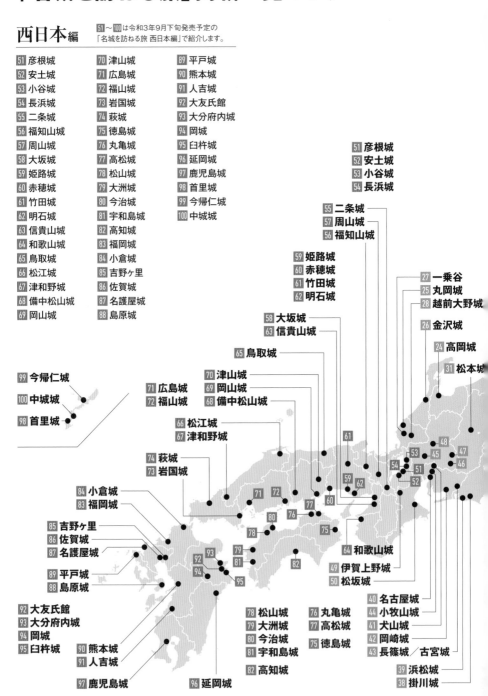

51 彦根城
52 安土城
53 小谷城
54 長浜城
55 二条城
57 周山城
56 福知山城
59 姫路城
60 赤穂城
61 竹田城
62 明石城
58 大坂城
63 信貴山城
65 鳥取城
70 津山城
69 岡山城
68 備中松山城
71 広島城
72 福山城
66 松江城
67 津和野城
74 萩城
73 岩国城
84 小倉城
83 福岡城
85 吉野ヶ里
86 佐賀城
87 名護屋城
89 平戸城
88 島原城
92 大友氏館
93 大分府内城
94 岡城
95 臼杵城
90 熊本城
91 人吉城
97 鹿児島城
96 延岡城
99 今帰仁城
100 中城城
98 首里城
27 一乗谷
25 丸岡城
28 越前大野城
26 金沢城
24 高岡城
31 松本城
48
53
45
47
46
54
51
52
59
62
60
61
75
64 和歌山城
49 伊賀上野城
50 松坂城
40 名古屋城
44 小牧山城
41 犬山城
42 岡崎城
43 長篠城／古宮城
39 浜松城
38 掛川城
78 松山城
79 大洲城
80 今治城
81 宇和島城
82 高知城
76 丸亀城
77 高松城
75 徳島城

※西日本編の城郭は変更になる場合があります。

● 02 **根室半島チャシ跡群**

東日本編

● 01 **五稜郭**

● 03 **弘前城**

07 **久保田城** ●   ● 04 **盛岡城**

22 **新発田城**

08 **山形城**

06 **多賀城**
05 **仙台城**

10 **二本松城**
09 **会津若松城**
11 **白河小峰城**

23 **春日山城**
33 **松代城**
32 **上田城**   14 **箕輪城**
34 **小諸城**
12 **水戸城**   13 **足利氏館**

15 **鉢形城**
18 **佐倉城**   17 **杉山城**
16 **川越城**

19 **江戸城**
20 **滝山城/八王子城**

21 **小田原城**

37 **山中城**

29 **武田氏館**
30 **甲府城**

36 **駿府城**

35 **高遠城**

45 **岐阜城**　　46 **岩村城**　　47 **苗木城**　　48 **郡上八幡城**

城郭考古学者・千田嘉博さんに聞く

歩けば歴史が見えてくる
いま訪ねたい東日本の名城

多様な城郭がある東日本において、おさえるべきポイントとは？
城郭研究の第一人者である千田嘉博さんに城の魅力や特徴を聞いた。

土づくりの城を
存分に体感できる東日本

　東日本の城は西日本の城に比べると、少し地味に感じられるかもしれませんが、それは大きな間違いです。では、なぜ地味に見えるかというと、最終的に石垣の城が主体となった西日本に対して、東日本は江戸時代になっても土づくりの城が主流だったことが理由に挙げられます。土より石の城のほうが、なんとなくかっこよく見えるのかもしれませんね。東日本はまとまった石を切り出せる場所に恵まれなかったこともあり、部分的に石垣を用いたとしても、すべて石垣とはなりませんでした。

　では、土の城が石の城より劣っているかというと、そのようなことはありません。東日本では、土の城、あるいは土と石垣をうまく組み合わせた城の魅力を感じていただきたいと思います。土の城の優れている点は、形を自在につくれたところです。本書でも掲載している山梨県を中心とした武田氏の城や、関東の北条氏の城といった戦国時代の城は、まさに土の城が主体となっていました。地形に合わせて形づくられた曲輪や本丸、二の丸は土だからこそできる技でした。武田氏の城の特徴として有名な丸い形の堀「丸馬出し」など、反撃力を強めるための堀をつくりました。緻密な計算のもと、最

佐倉城

千田嘉博

1963年、愛知県生まれ。城郭考古学者・博士（文学）。名古屋市見晴台考古資料館学芸員、国立歴史民俗博物館助教授などを経て、現在は奈良大学文学部文化財学科教授。日本と世界の城を城郭考古学の立場から研究。城に関する著書、監修書も多数。

撮影:畠中和久

江戸城

適な守りを実現する。土の城には多くの工夫が見られます。

　最近は、土の城に魅了される方々も増えてきて、400年の時を経て土の城の復権を感じています。土より石のほうが優れているといった先入観を一度取り除いてご覧ください。土づくりの城の伝統は江戸時代にも受け継がれており、例えば、千葉県の佐倉城（→P60）も部分的に石垣を使っていますが、ほとんどは土づくりでした。巨大な堀の跡や土を自在に屈曲させた高度な設計などを実際に体感いただけます。

東西の築城技術が結集した日本最大規模の江戸城

　東日本には日本最大の城、江戸城（→ P62）があります。織田信長がつくった安土城、豊臣秀吉がつくった大坂城の後に徳川家康が築いた城ですが、城の規模でいえばその二城を圧倒的に上回りました。天下普請により全国の諸大名が工事を進めたこともあり、当時の日本の築城技術や知恵が結集された城といえるでしょう。

　現在、江戸城の中心部は皇居になっていますが、今もそのスケールを体感できます。江戸城を見学すると、石垣と土手を組み合わせてできたのがわかります。しかし、本丸のほうへ進むと、巨石を積み上げた石の城になって

城郭考古学者・千田嘉博さんに聞く

歩けば歴史が見えてくる
いま訪ねたい東日本の名城

いる。江戸城では、甲斐の武田氏や関東の北条氏が戦国時代に発達させた土の城の技術と、信長や秀吉といった西日本の天下人による城づくりの技術を合わせて見ることができるのです。東西の城づくりが集大成した画期的な城であり、天下統一を成し遂げた幕府の城としてふさわしいかたちでした。その姿を今も体感できるのは、すばらしいことだと思います。

古式様相の天守や五稜郭、チャシ跡群など多種多様

東日本には魅力的な天守や櫓が残っている点でも見どころ豊富です。現存する天守では最大級の大きさを誇る松本城（→ P94）、古式の様相を伝える犬山城（→ P120）、丸岡城（→ P82）、弘前城（→ P26）などがあります。なかでも、弘前城は石垣の大改修中で、これほど近くで天守を見られるチャンスはありません。石垣の内部がどのようになっているかも知ることができ、まさに今こそ行くべき城ではないでしょうか。

東日本を代表する城郭には、北海道の五稜郭（→ P20）も挙げられます。稜堡式の城は世界中につくられましたが、五稜郭の特筆すべき点は日本人が設計したというところです。外国から情報を入手しつつ、細かな独自の工

弘前城

夫がされています。大砲の戦いに備えた城として、土と石の良さを組み合わせて完成したのが五稜郭です。東日本で発達した土の城の技術が、最終的には五稜郭まで至っているといえるのです。

　また、東日本の城を考察するにあたって、チャシ（→ P24）もはずせません。アイヌの人々が16 〜 18 世紀につくった独自な城で、素朴な土づくりではあるのですが、最終的にはとても工夫されたものに発達しています。アイヌの人々の社会の発達とチャシの複雑さがリンクしていると考えられ、視覚的にも美しいものだったことがわかってきています。

　どの城も、往時の姿をすべて残しているわけではありませんが、例えば、「昔はここに門があったんだ」と

根室半島チャシ跡群

頭のなかでイメージして歩いていただくとよりおもしろく感じられることでしょう。絵図や資料を持って、想像力をふくらませながら現地を歩けば、今は石垣や土手しか残っていないところも、すごくリアルに読み取れると思います。つい天守や櫓などの建物に目が行きがちですが、曲がっている道や大きな広場などにも注目してみてください。それらがどのような意味をもち、いかに城を工夫してつくっていたかがわかるはずです。

お城博士ちゃん

×

城郭ライター

私たちの名城の訪ね方
東日本編

「お城に行ってみたいけど、
何をどう見ればいいのかわからない」と
困っていませんか?
そこで、お城好きの2人に
城巡りの楽しみ方を聞いてみました。

栗原響大くん

お城博士ちゃん
栗原響大くん
神奈川県在住。世界遺産好きの母と姫路城を訪れたことをきっかけに城好きになり、200以上の城を巡る。テレビにも多数出演。

城郭ライター
萩原さちこさん
東京都在住。小学2年生のとき城に魅了されて以来、城巡りを続ける。執筆業を中心に、各種メディアで活躍。日本城郭協会理事。

萩原さちこさん

どう攻めるか 考えるのが おもしろい！

——今まで訪れた中で、一番心に残っているお城はどこですか。

栗原　一番印象深かったお城は山中城（→P110）です。そこで「障子堀」という堀を見て、「どう攻めるか」という視点でお城を見るようになったんです。それが僕のお城好きを加速させました。

萩原　山中城は、天守や石垣がない戦国時代の城のおもしろさがわかるよね。私は小学生の頃、長野県の松本城（→P94）に行って、衝撃を受けました。

栗原　やっぱり天守の大きさに圧倒されますよね。あまりお城を知らなくても「すごい」って思える。

萩原　周りが開けているし、後ろに北アルプスが見えて、絵画みたいだよね。でも、お城好きになったきっかけは、天守の外観ではなく中身。階段が梯子のように急で、すごく登りにくいでしょ。「敵が登りにくいようにしているんだよ」と母に聞いて感激したんです。「昔の人が、どうやって戦うか考えて造った建物なんだ」って。

栗原　美と武を兼ね備えてますよね。

売店で買える「障子堀ワッフル」がオススメです

山中城

萩原　まさに！ 松本城をきっかけに、他のお城に行ってみたら、同じようで全然違う。それぞれに知恵と工夫が凝らされていて、すごくおもしろかった。今でいうと、マンションのようにみんな同じではなくて、それぞれがこだわったマイホーム造りをしている。

知識を詰め込むより実際に歩きながら観察してみる

──お城を見るときに、注目しているポイントはどこですか。

萩原　まず、そのお城が「いつ」「何のために」造られたのかを知るのが大切です。たとえば、山中城は領主の住む城ではなく、領主がいるのは小田原城（→P68）。では何のために山中城があるのかというと、小田原城を守るため。だから戦闘的に造られているんですね。お城が造られた時期や目的をチェックすることで、お城の本質が見える。

栗原　縄張りを見るのはすごく楽しいで

すね。お城がどんな形で造られているのかを見て、それはなぜなのかを考える。実際に見て、歩いて、調べることが大切だと思います。

萩原　縄張りの形にもちゃんと理由があるんだよね。天守を観察してみると、その大きさや壁の色、装飾、建築の技術はそれぞれ違っていて、その理由を考えるのがおもしろい。現代と一緒で、お金持ちは立派な家を造れる。一方で、当時は今のように情報社会ではないから、知識や技術を得る人脈があるかによっても変わってくる。

──お城の歴史や背景は、お城を訪れる前に調べるのですか。

栗原　僕は、簡単なことだけ調べていっ

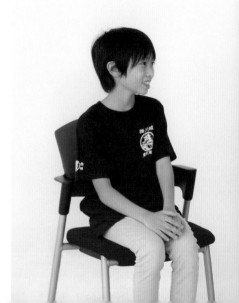

て、疑問に思ったことを帰ってから調べるようにしています。

萩原　私も最初はフラットな状態で見たい。しっかり調べてから行ったほうが見逃しは少ないけど、「敵はどんな城か知らずに攻めるんだよな」って思って。

栗原　確かに！

萩原　「どんなふうに惑わされるんだろう」っていう楽しみもあるから、悩みど

松本城

どんな城が見たいのか考えて
行き先を決めるといいですよ

ころです。時代は頭に入れていったほうがいいかも。たとえば、新潟の春日山城（→P74）は上杉謙信のお城なので、立派な天守や石垣があるお城をイメージする方が多いんですね。そう思っていくと「山を登らされた」「何もない」ってがっかりしちゃう。戦国時代のお城は山にあって、天守や石垣はもともとないと知っていればがっかりしない。

栗原　逆に「こんなに広いのは上杉謙信だからか」と思える。

萩原　そう、見るポイントが変わってくるよね。本物の天守が見たい人は、松本城や犬山城（→P120）に行くのがいい。現存天守でなくてよければ会津若松城（→P40）とか。石垣に興味があれば、「最低限、石垣が残っているお城に行ってみよう」とかね。どの時代にどういう城があって、自分の見たい城はどこに当てはまるのか知っておくと満足度が高い。

栗原　自分の求めているものがあるかどうかは大事ですよね。

——お城に行くとき、必ず持っていくものがあれば教えてください。

栗原　前はリュックにお城の本を入れていたんですけど、本を読むよりも、身軽にいろいろなところを走ったり見たりするほうが、お城のことを理解できるんじゃないかと思って、最近はなるべく本は持たないようにしてます。

萩原　楽だしね。特に戦国時代のお城は疲れるから、私もほぼカメラだけ。観光している人を見ていると、お城を見ているようで見ていないんですよね。

栗原　案内板だけ読んで帰ってしまう人が多いですよね。「もっとおもしろいものがあるのに！」と思います。

萩原　案内板を見ているけど、実は読んでいないと思うんですよ（笑）。実は頭に入っていない。それよりも、目の前のものを見て、「なんでここは出っ張っているんだろう？」とか、自分なりに考えたほうが気づきが増える。

栗原　写真を撮っておくと、あとで見返して疑問に思ったことを調べられるのでいいと思います。お城を自分好みの角度から撮ったり。

萩原　そう、決まりはないから、好きなところから見ればいいんだよね。ただ、初めてお城を見る人は「好きに」と言われても難しいだろうから、まずは本に載っている写真と同じ場所に行ってみるといいかもしれません。

今も昔も変わらない 人の心を感じよう

——東日本で特に注目している城や、行ってみたいお城はありますか。

栗原　北海道のお城に行ったことがないので、五稜郭（→P20）に行きたいです。

萩原　五稜郭は、戊辰戦争の最後の舞台になった城だよね。五稜郭の近くに「五島軒」という洋食店があって、実は五稜郭と関係があるんです。旧幕府軍の通訳をしていた長崎の五島列島出身の人が、戊辰戦争に負けてロシア領事館に逃げ込んだのね。そこでロシア料理を教わって始めたレストランが「五島軒」なんだって。その土地の名物は歴史につながっていることが多いので、注目してみるとおもしろいよ。日本のすべてはお城につながっていると私は思っています（笑）。

栗原　僕はお城をたくさん見るけれども、ご飯や城下町はあまりよく見ていないんですよね。

萩原　なるべく時間と労力をお城に費

五稜郭

龍岡城（長野県）の五稜郭は見たので、次は本場に！

駿府城

お城ブームに後押しされて、どんどん調査が進んでいます

やしたいよね。わかる！ 私がこれから深く勉強したいと思っているのは滝山城と八王子城（→P66）。注目という意味では駿府城（→P106）ですね。これまでに例のない、秀吉の家臣時代の家康が築いたと思われる天守台が発掘されたんです。日々、全国のお城で新事実が判明していますし、新たな城が発見されるケースも珍しくありません。

栗原　高速道路を建設するときに出てきたりしますよね。

萩原　国宝に指定されているような城でも、まだわからないことがいっぱいある。だから勝手に想像していいんです（笑）。

栗原　自分の中で新たな説を作る。もしかしたら、それが何年後かの通説になっているかもしれない。

萩原　それが結構当たっていたりするからね。お城巡りは妄想ですから。私はお城に行くとき、行きは敵兵の気持ち、帰りは城兵の気持ちで回ります。

栗原　同じです！ 行きは石垣から攻撃が来るのを想像しながら登って、帰りは

石垣の上から来た道を見る。

萩原　そうやって見ていくと、守りやすいように造られているのがわかりますね。400年も500年も前の人が考えたことに、共感できるのが楽しい。

栗原　そう！

萩原　お城には石落としという設備があるけど、私も「何の武器もなかったら、とりあえず高いところに登って石投げよう」と思うし、人間が考えることって変わらない。天守も「古いな」と思わないじゃない？ 何百年経っても同じ日本人の美意識があるから、「綺麗だな」と感じるんだと思うんですよ。

栗原　そうですね。日本の美を詰め込んだものって感じですよね。

萩原　お城好きというと、「タイムスリップする感じが好きなんですか？」と聞かれることがあるんだけど、私は「今と過去が近づく感じ」が楽しい。考えることも感じることも一緒だと知って、過去との距離が縮まる。それを、ぜひお城巡りで感じてほしいですね。

本書の見方

時代と地域を代表する名城を、写真とともに2ページから4ページで紹介する。

アイコン

国　宝 … 現在、全国で5城が
国宝に指定されている。

現存天守 … 江戸時代以前に築かれ、
現在まで残っている天守。
全国に12城しかない。

データ

城のなりたち、所在地や問い合わせ先、アクセスなどを掲載。

主な城の形式

平城（ひらじろ）…平地に築かれた城
山城（やまじろ）…山に築かれた城
平山城（ひらやまじろ）…平野の丘陵に築かれた城

御城印

訪城記念として人気の「御城
印」は、城の資料館や周辺の観
光案内所、物産館などで販売。
家紋や花押など城に関連する
デザインにも注目。

千田嘉博のひとこと解説

千田嘉博先生による
ワンポイント解説。

Topics&立ち寄りスポット

城の歴史が学べる資料館やご
当地グルメ、土産店など、城周
辺のおすすめスポットを掲載。

※本書の掲載情報は2021年7月現在のものです。その後、各施設の都合により変更される場合がありますので、予めご了承ください。
※見学時間は特記以外原則として開館〜閉館です。
　また、年末年始や臨時休業を省略している場合がありますので、お出かけ前にご確認いただくことをおすすめします。
※アクセスの所要時間はあくまで目安としてお考えください。
※掲載している金額は原則として一般料金、一部を除き税込価格です。

いま訪ねたい
日本の名城

―東日本編―

幕末の函館に造られた西洋式要塞

01 五稜郭

ごりょうかく

海外との戦いに備えて
稜堡を設けた星形城郭

　嘉永6（1853）年にペリー艦隊が来航し、翌安政元（1854）年に徳川幕府はアメリカと「日米和親条約」を調印した。その時に開港場として選ばれたのが、下田と函館だった。開港に伴い箱館奉行所が建てられ、その防御を固める目的で造られたのが五稜郭である。

　五稜郭は安政4（1857）年に着工、元治元（1864）年に完成した。設計は蘭学者・武田斐三郎によるもので、フランス軍艦の軍人からの情報などをもとにヨーロッパ式の築城様式を取り入れた。当時のヨーロッパで発達していた銃や大砲に対抗するために考案され、突出部（稜堡）には砲台を設置。各稜堡から砲火を浴びせられるように、死角のない造りにした。

　明治元（1868）年〜明治2（1869）年、五稜郭は戊辰戦争最後の戦い「箱館戦争」の舞台となり、終戦後に新政府に明け渡された。大正3（1914）年から公園として一般開放され、現在は土塁や石垣のほか、築造当時の姿を残す兵糧庫や復元された箱館奉行所などを見ることができる。

1

2

DATA	別名	柳野城		TEL	0138・31・5505(五稜郭公園管理事務所)
	所在地	北海道函館市五稜郭町44		料金	無料(箱館奉行所500円)
	築城年	元治元(1864)年		見学時間	郭外自由、郭内5:00〜19:00(11〜3月は〜18:00)
	築城者	江戸幕府		休み	なし
	形式	平城		アクセス	函館市電「五稜郭公園前」から徒歩約15分

千田嘉博のひとこと解説

日本を代表する稜堡式城郭。周辺に配置すべき台場「分派堡」が不足して箱館戦争では実力を発揮できなかった。五稜郭タワーからの眺めは最高。

3

4

1.五稜郭タワーから一望できる。堀の内側の広さは約12万5500㎡。国の特別史跡。2.約1600本の桜が植えられ、見頃は例年4月下旬〜5月上旬。3.4.冬の五稜郭。冬季はイルミネーションイベント「五稜星の夢(ほしのゆめ)」が開催される。

土塁や石垣など
現在も残る
優れた城郭技術

半月堡 はんげつほ

五稜郭の入口を守る
三角形状の出塁

「馬出塁」とも呼ばれる。当初は5カ所設置の予定だったが、工事規模の縮小などで1カ所のみに。郭外から内部を見えないようにする土塁「見隠塁」も残る。

刎出石垣 はねだしいしがき

上部が突出した
珍しい造り

正面の出入口となる南西側の本塁に築かれた石垣には、外部からの侵入を防ぐための刎出がある。庇のようにせり出した造りで、「武者返し」とも呼ぶ。函館山のふもとにある立待岬から切り出した安山岩などを用いている。

箱館奉行所 はこだてぶぎょうしょ

五稜郭の中央に立つ
復元建造物

明治4(1871)年に解体されたが、平成22(2010)年に当時と同じ場所に立体復元した。大広間や表座敷などを再現。9:00〜18:00(11〜3月は〜17:00)、見学可。

奉行所のそばには外国製の大砲を展示している。

旅情を味わうモデルコース

数々の名所が点在する異国情緒漂う函館。
幕末ロマンの旅を楽しみたい

五稜郭タワー

ごりょうかくたわー

五稜郭を一望できる
高さ107mの展望タワー

ペリー来航からの出来事をジオラマで紹介する「五稜郭歴史回廊」などがある。土方歳三関連の商品はおみやげに人気。

☎ 0138・51・4785 ⊕ 函館市五稜郭町43-9 ⊙ 9:00～18:00（季節により異なる） ⊗ 無休 ⊛ 一般900円

一本木関門跡

いっぽんぎかんもんあと

はこだてフィルムコミッション提供

土方歳三の最期の地碑で
幕末の歴史をしのぶ

箱館戦争で土方歳三が銃弾に倒れたとされる場所に、土方歳三最期の地碑が建つ。箱館五稜郭祭では碑前祭が行われる。

☎ 0138・23・5440（函館市観光案内所） ⊕ 函館市若松町33（若松緑地公園内） ⊛ 見学自由

函館朝市

はこだてあさいち

函館名物の新鮮魚介を
食べて買って楽しむ

店の数は約250軒。魚介類や野菜、果物、加工品の販売店のほか、イカ釣りや海鮮丼の店も。夕方まで営業している店もある。

☎ 0138・22・7981（函館朝市協同組合連合会事務局） ⊕ 函館市若松町9-19 ⊙ 5:00～14:00過ぎ（季節、店舗により異なる） ⊗ 無休（店舗により異なる）

函館山

はこだてやま

山頂の展望台から眺める
幻想的な函館の夜景

展望台へは山麓駅からロープウェイで約3分。明治時代から昭和20（1945）年まで要塞だったため、山頂一帯に砲台跡が残る。

☎ 0138・23・3105（函館山ロープウェイ） ⊕ 函館市函館山 ⊙ ⊗ HPで要確認 ⊛ 一般往復1500円

Model Course

JR函館駅

↓ 市電15分＋徒歩10分

五稜郭タワー

↓ 徒歩2分

五稜郭

↓ 市電10分＋徒歩7分

一本木関門跡

↓ 徒歩10分

函館朝市

↓ 市電5分＋徒歩10分

函館山（山麓駅）

↓ 徒歩10分＋市電5分

JR函館駅

Topics

箱館戦争で
急造された
「四稜郭」

函館市教育委員会提供

五稜郭を占拠した旧幕府勢力が新政府軍の攻撃に備えて築いた台場「四稜郭（しりょうかく）」。五稜郭の北方約3kmに位置（函館市陣川町59）。函館駅前からバスを乗り継いで約1時間の場所にある。

02

自然地形を利用したアイヌの砦

根室半島チャシ跡群

ねむろはんとうちゃしあとぐん

温根元湾西岸の岬の上に築かれたヲンネモトチャシ跡

> **千田嘉博のひとこと解説**
>
> アイヌのチャシを代表する技巧的なチャシ群が残る。アイヌの人々の聖地でもあった美しいチャシ群を体感できる。

和人との戦闘に備えて
多くのチャシが築かれた

「チャシ」とは、アイヌ語で「砦」や「柵囲い」を意味する。アイヌ民族によって築かれ、戦闘のほか、祭祀や見張りなど幅広い用途に使った。根室市内には32カ所のチャシ跡があり、そのうち24カ所が「根室半島チャシ跡群」として国指定史跡に登録されている。

根室市内のチャシは、海を望む崖上に方形や半円形の濠を巡らせた大規模なものが多い。寛政元(1789)年、和人による搾取に耐えかねたアイヌ民族が起こした反乱「クナシリ・メナシの戦い」に関連するものと考えられている。見学先として整備されているのは、「ヲンネモトチャシ跡」と「ノツカマフ1・2号チャシ跡」の2カ所。

DATA	別名	なし		TEL	0153・25・3661（歴史と自然の資料館）
	所在地	北海道根室市温根元59、60		料金	無料
	築城年	16～18世紀		見学時間	見学自由
	築城者	―		休み	なし
	形式	山城		アクセス	ヲンネモトチャシ跡へはJR「根室」駅からバスで約35分、バス停「納沙布岬」から徒歩約30分

2

1　3

1. ノツカマフ1号チャシ跡。2.ヲンネモトチャシ跡。盛土を濠で区画し、2つの平坦面をつくっている。この付近では約1500年前の竪穴住居も発見されており、古くから人々に利用されてきた湾と考えられる。3.多くの曲輪からなるチャルコロフイナチャシ跡。

Topics

情報収集は「歴史と自然の資料館」で

歴史と自然の資料館ではチャシ跡に関する資料を展示（根室市花咲港209）。バス停「納沙布岬」そばの北方領土資料館ではレンタサイクルのサービスがある。

おすすめ立ち寄りスポット

納沙布岬灯台　のさっぷみさきとうだい

北海道で一番早い日の出の場所である納沙布岬に建つ。現存する北海道最古の灯台として知られる。

明治公園　めいじこうえん

赤レンガ積みのサイロが残る牧場跡地。日本の歴史公園100選に選ばれている。根室市牧の内81。

03 弘前城

東北唯一の現存天守

ひろさきじょう

現存天守

焼失から約200年後に再建され
現在まで残る天守に注目

　天正18（1590）年に津軽地方の統一を成し遂げた大浦為信（のちの弘前藩初代藩主・津軽為信）は、それまでの居城であった大浦城から、領内の中央に近い堀越城に移った。しかし、家臣の謀反で防御の甘さが露呈したことや水害の多さから、高岡（のちの弘前）への移転を決める。為信が計画した城を、二代藩主・信枚が完成させた。弘前城は岩木川と土淵川の間の段丘と段丘崖を利用して築いた平山城である。

　そののち、落雷で天守が焼失したことをきっかけに、地名が「弘前」と改められた。江戸時代には、武家諸法度によって城の建築や修繕が厳しく統制されていたため、約200年にわたって天守がない状態が続いた。九代藩主・寧親の時代に、隅櫓を改造して天守に相当する現存の三階櫓を立てた。幕府へは、当時の政策課題であった北方の海防と関連づけて、天守ではなく海辺を見通せる櫓の再建として届け出た。実際には、三階櫓（天守）を立てた場所から海辺を見渡すのは不可能だった。

千田嘉博のひとこと解説

広大な城域がよく残る。本丸前には馬出しを備え、織豊（しょくほう）系城郭が青森に到達したのを物語っている。

1

2

DATA	別名	鷹岡城、高岡城	TEL	0172・33・8739(弘前市公園緑地課)
	所在地	青森県弘前市下白銀町1	料金	無料(本丸・北の郭320円)
	築城年	慶長16(1611)年	見学時間	見学自由
	築城者	津軽信枚	休み	なし(弘前城天守は11/24～3/31休館)
	形式	平山城	アクセス	JR「弘前」駅から循環バスにて約15分、バス停「市役所前」から徒歩約4分

3

4

1.三階櫓(天守)は濠側と内側
の外観がまったく異なる。濠
側には破風や懸魚を用い、装
飾的であるが本丸内側は質素
な造り(現在は石垣修理のた
め中央付近に曳屋)。2.外濠
が桜の花びらが埋め尽くす光
景は見事。3.紅葉も美しい。4.
天守からは岩木山が望める。

江戸時代の姿のまま
現存する建物が多い
貴重な城の遺構

天守・櫓 てんしゅ・やぐら

江戸時代の姿で残る
格式高い三階櫓

天守代用の三階櫓。津軽信枚が立てた当初の天守は五層だったが落雷で焼失し、九代藩主・寧親が現在の建物をもとの天守とは別の場所に立てた。

門 もん

土塁と組み合わせた堅固な門

追手門・東門・北門（亀甲門）・東内門・南内門の5つの門が現存する。そのすべてが、周辺に土塁を築いて枡形と組み合わせた二層の櫓門で、戦国時代の形式を残す簡素な素木造りとなっている。

雪の重みに耐えられる太い柱や、積雪時でも槍を掲げて門を通れる高めの間口が特徴的。

弘前城の桜 ひろさきじょうのさくら

旧藩士が植樹したのが始まり

明治時代に旧弘前藩士の菊池楯衛がソメイヨシノを植えて以来、植樹が進められた桜。城を華やかに彩る一方で、石垣の変形の要因にもなっている。石垣の修復は2025年度までかかる予定。

旅情を味わうモデルコース

武家屋敷など城下町の面影を残す和風建築と
明治・大正時期の洋館が融合する町並みを散策しよう

Model Course

JR弘前駅
↓ バス15分
弘前城
↓ 徒歩3分
津軽藩ねぷた村
↓ 徒歩20分
藤田記念庭園
↓ 徒歩20分
菊富士
↓ 徒歩8分
green
↓ 徒歩10分
JR弘前駅

津軽藩ねぷた村

つがるはんねぷたむら

津軽の文化を
体感できる観光拠点

弘前城亀甲門近くにあり、高さ10mの山車「弘前ねぷた」を展示。津軽三味線の演奏や工芸品の絵付け体験なども実施。

☎0172・39・1511 ㊟弘前市亀甲町61 ◷9:00〜17:00（施設により異なる）㊡無休 ¥一般550円（見学・体験エリア）

藤田記念庭園

ふじたきねんていえん

大正時代築の
和と洋の建物が並ぶ

弘前出身の実業家・藤田謙一の別邸で、広大な敷地に洋館と和館、池泉回遊式の庭園がある。カフェも併設している。

☎0172・37・5525 ㊟弘前市上白銀町8-1 ◷9:00〜17:00 ㊡無休（冬期は一部庭園のみ開放）¥一般320円

菊富士

きくふじ

郷土色豊かな
創作料理を味わえる

けの汁やホタテの貝焼き味噌などの郷土料理をはじめ、地元食材を使った料理を提供。定食や会席料理など多彩に揃う。

☎0172・36・3300 ㊟弘前市坂本町1 ◷11:00〜14:30(LO)、17:00〜21:00(LO) ㊡木、ほか月2回

green

グリーン

津軽土産に人気の
モダンなこぎん刺し

江戸時代から津軽地方に伝わる「こぎん刺し」のアイテムを取り揃える。モダンなデザインで、幅広い世代に人気。

☎0172・32・8199 ㊟弘前市代官町22 ◷11:00〜18:00 ㊡水、第2・4木

Topics

弘前藩士が
飲んだという
珈琲を再現

幕府の命により北方警備に赴いた弘前藩士たちが、浮腫病の予防薬として珈琲を飲んだといわれている。史料をもとに幕末当時の入れ方を再現した「藩士の珈琲」は、市内約5店の喫茶店で飲める。

| 岩手県 | 盛岡市 |

石垣築造技術の変遷がわかる

04 盛岡城

もりおかじょう

城内や城付近で産出される花崗岩で構築した石垣

千田嘉博のひとこと解説
石垣が美しい。出入口は枡形を巧みに使い、本丸には複雑な廊下橋を架けていた。

地元の石を使って築かれた
大規模な石垣が壮観

　三戸城に代わる盛岡藩統治の拠点として築かれた城。慶長2(1597)年、盛岡藩初代藩主・南部信直が築城に着手。30年以上にわたる工事を経て、寛永10(1633)年に三代藩主・重直が入城し、南部氏代々が住んだ。北上川と中津川に挟まれた花崗岩台地上にあり、北上川の流路変更などに合わせてたびたび城域の拡張

を行ったため、複雑な構造になっている。石垣は築造年代によって積み方が異なり、自然石を積み上げた野面石乱積みも、表面を平らに加工した割石の布積みも見られる。明治時代に城内の建造物はほぼ取り壊された。現在、城跡は「岩手公園(盛岡城跡公園)」として一般に開放されている。

DATA	別名	不来方城	TEL	019・639・9067（盛岡市文化財担当）
	所在地	岩手県盛岡市内丸	料金	無料
	築城年	慶長2(1597)年 ※慶長3(1598)年の説あり	見学時間	見学自由
			休み	なし
	築城者	南部信直	アクセス	JR「盛岡」駅から循環バスにて約6分、
	形式	平山城		バス停「盛岡城跡公園」からすぐ

1

2

3

もりおか歴史文化館
1階総合案内で販売。
300円。

Topics

「もりおか歴史文化館」では城の再現模型を展示

盛岡城跡公園の一角にあるもり
おか歴史文化館では、盛岡城と
城下町の成り立ちをわかりやすく
解説。城下町絵巻シアターや盛岡
城の再現模型などを展示。

1.本丸と二の丸を空堀で区画し、
橋で結ぶ。現在架かっている渡雲
橋は戦後に造られた。2.現在、内
堀の跡は鶴ヶ池・亀ヶ池となって
いる。3.諸道具類を納める彦御
蔵。城内に唯一現存する藩政時
代の建築物。道路の拡幅工事の
ため、本来の設置場所からは約
100m離れた場所に移設された。

おすすめ立ち寄りスポット

桜山商店街　さくらやましょうてんがい

盛岡城跡公園に隣接す
る櫻山神社の鳥居の先
には、盛岡じゃじゃ麺の
人気店など多彩な店が
並ぶ。

岩手銀行赤レンガ館　いわてぎんこうあかれんがかん

明治44(1911)年に盛岡
銀行本店として落成。
当時を再現した内装を
見られる。盛岡市中ノ
橋通1-2-20。

05 仙台城

伊達政宗が築いた粋な城

せんだいじょう

昭和42(1967)年に再建した、総白壁造の大手門脇櫓

がっちり固めた防御から
垣間見える天下取りの野望

> **千田嘉博のひとこと解説**
> 仙台城の本丸には上々段を整えた広間があり、天下人の格式を備えた大御殿に政宗の意志を体感できる。

　慶長6(1601)年、仙台藩初代藩主・伊達政宗が、標高約130mの青葉山上に築いた城。西は「御裏林」と呼ばれる山林、東と南は川に面した断崖という、自然の地形を生かした山城である。江戸幕府成立後の世情の変化から、二代藩主・忠宗が山麓に二の丸を造り、藩政の中心を同所に移した。天守は立てなかったが、高石垣で本丸正面を守り、約430畳に及ぶ豪華な本丸大広間や、清水の舞台のように東の断崖に張り出した「懸造」の御殿といった個性的な設備を設けていた。明治時代以降の取り壊しや火災、戦災などによって大部分の建物が失われ、現在では大手門脇櫓のみが再建されている。

DATA				
別名	青葉城	TEL	022・222・0218(青葉城本丸会館)	
所在地	宮城県仙台市青葉区川内1	料金	無料(青葉城資料展示館700円)	
築城年	慶長6(1601)年	見学時間	見学自由(展示館は9:00〜17:00)	
築城者	伊達政宗	休み	なし	
形式	山城	アクセス	JR「仙台」駅からるーぷる仙台バスにて約22分、バス停「仙台城跡」からすぐ	

2

1

3

Topics

博物館や資料館で仙台城の歴史を体感できる

仙台城三の丸跡には仙台市博物館(写真)がある。また、本丸跡には400年前の仙台城を体感できるCGシアターを設けた青葉城資料展示館がある。

1.本丸大広間跡には、発掘調査をもとに礎石が配置され、「千畳敷」と呼ばれたほどの広さを体感できる。2.本丸跡の伊達政宗公騎馬像が立つ場所からは、仙台の市街地を一望できる。3.上空から見た本丸大広間跡。大広間を飾っていた障壁画は、仙台市博物館に収蔵されている。

おすすめ立ち寄りスポット

瑞鳳殿 ずいほうでん

伊達政宗の霊屋。昭和54(1979)年に再建。豪華絢爛な廟を見られる。仙台市青葉区霊屋下23-2。

※仙台市博物館の常設展は2021年9/6まで休止中。
　大規模改修工事のため、2021年10/1〜2024年3/31(予定)休館

村上屋餅店 むらかみやもちてん

明治期創業の餅店。枝豆をすりつぶした餡がたっぷりの「ずんだ餅」が評判。仙台市青葉区北目町2-38。

06

古代の政治と軍事の中心地

多賀城

たがじょう

宮城県観光プロモーション推進室提供

政庁正殿跡。現在は花見スポットとして親しまれている

千田嘉博のひとこと解説

巨大な外郭は防御力を十分に備え、出入口も枡形として機能した。多賀城が政治とともに軍事の拠点であったのを読み取れる。

古代の律令国家による
北方支配の前線基地

　奈良時代から平安時代にかけて、陸奥国（むつのくに）の国府として地方行政の拠点となった城。仙台平野を見渡せる丘陵上にあり、川や塩釜港に近い交通の要所。900m四方ほどの範囲を築地塀や材木塀で区画し、そのほぼ中央に儀式の場である政庁が置かれていた。そのほか、行政の実務を行う役所や職人の工房、兵士の住まいなどがあった。奈良時代には、律令国家に従わない蝦夷を制圧するため、軍事を司る鎮守府が設置され、軍事基地としても機能した。南門近くには、多賀城の沿革や平城京からの距離などが刻まれた古碑「多賀城碑」があり、古くから和歌に詠み込まれてきた「壺碑（つぼのいしぶみ）」と同一視されている。

DATA	別名	なし		TEL	022・368・1141（多賀城市文化財課）
	所在地	宮城県多賀城市市川		料金	無料
	築城年	神亀元(724)年		見学時間	見学自由
	築城者	大野東人		休み	なし
	形式	平山城(城柵)		アクセス	JR「国府多賀城」駅から徒歩約15分

1

2

3

Topics

古代米のランチも味わえる「東北歴史博物館」

旧石器時代から近現代までの東北の歴史を紹介。併設のレストランでは多賀城の特産・古代米を使ったランチを提供している。多賀城市高崎1-22-1。

1.覆屋（おおいや）で保護された多賀城碑。高さ248cm、最大幅103cmの砂岩に141字の文字が彫られている。貴重な奈良時代の金石文で、国の重要文化財。2.正殿の南北に延びる通路が復元されている。2024年の公開に向け、南門の復元工事も実施。3.アヤメの名所でもある。

おすすめ立ち寄りスポット

陸奥総社宮 むつそうしゃのみや

陸奥国内にある延喜式百社の祭神を合祀した神社。多賀城東門側にあり、荘厳な雰囲気。多賀城市市川奏社1。

梅月堂菓子本舗 ばいげつどうかしほんぽ

多賀城碑や多賀城瓦をかたどった焼き菓子など、素朴な味わいの多賀城銘菓を販売。多賀城市伝上山2-13-12。

07

常陸の名門・佐竹氏の新天地
久保田城
くぼたじょう

御物頭御番所。城内に唯一現存する藩政時代の建物

千田嘉博のひとこと解説
土造りの名城。高い土塁や屈曲した塁線で守った。

転封された佐竹氏が
急ピッチで築き上げた

　徳川家康の命令によって出羽国秋田郡へ国替えとなった常陸国の名門・佐竹氏が、慶長8（1603）年に築いた城。もともと秋田郡を支配していた秋田氏が居城としていた湊城は、多くの家臣を抱える佐竹氏には手狭だったため、神明山上に久保田城が新たに築かれた。天守をもたず、石垣もほとんどない簡素な城であっ

たが、このような城になったのは、国替えによる財政難や徳川幕府への遠慮などが原因と考えられている。

　現在、久保田城跡は千秋公園として整備されており、堀や土塁・出入口のほか、二ノ門（長坂門）の開閉と城下の警備のために造った御物頭御番所などの建物を見ることができる。

DATA	別名	矢留城		TEL	018・832・1298(久保田城御隅櫓)
	所在地	秋田県秋田市千秋公園1		料金	無料(久保田城御隅櫓100円)
	築城年	慶長8(1603)年		見学時間	見学自由、久保田城御隅櫓9:00～16:30(季節により異なる)
	築城者	佐竹義宣		休み	なし(久保田城御隅櫓は12/1～3/31)
	形式	平山城		アクセス	JR「秋田」駅から徒歩約15分

1

2

3

1. 埋門から堀越しに見た三の丸の土塁。2. 久保田城本丸の正門(一ノ門)。絵図などの文献資料や発掘調査をもとに再建された、木造2階建て瓦葺きの櫓門。3. 見張り場や武器庫として使われた御隅櫓。秋田市の市政100周年を記念して、8つあった御隅櫓のうち1つが再建された。

Topics

江戸時代の貴重な武家屋敷「旧黒澤家住宅」

久保田城三の郭(現・秋田市中通三丁目)にあった上級武家屋敷住宅は、一つ森公園内に移築された。国指定重要文化財。秋田市楢山字石塚谷地297-99。

おすすめ立ち寄りスポット

あきた文化産業施設「松下」

あきたぶんかさんぎょうしせつ「まつした」

旧料亭をリノベーションした文化複合施設。あきた舞妓が公演を行う。季節限定のカフェも併設。千秋公園内。

秋田市民俗芸能伝承館(ねぶり流し館)

あきたしみんぞくげいのうでんしょうかん(ねぶりながしかん)

秋田竿燈まつりなど民俗芸能の資料を展示。江戸期の土蔵がある旧金子家住宅も見学可。秋田市大町1-3-30。

08 中世からの羽州支配の拠点 山形城

やまがたじょう

平成3(1991)年に復元し二の丸東大手門

最上氏の本拠地として 江戸時代初期まで発展

　延文元(1356)年、羽州探題として入部した斯波兼頼(最上氏初代)が築き、戦国時代を通して最上氏の主城となった。東西約1600m、南北約2000mの広大な城域をもち、慶長5(1600)年の慶長出羽合戦では城郭が霞に隠れて見えなかったため「霞城」とも呼ぶ。各曲輪は土塁と堀で囲み、城門のみ石垣を使ってい

る。湧水の豊かな馬見ケ崎川扇状地の扇端に位置し、低湿地は防衛に利用したという。最上義光の死後に起こった後継ぎ争いのため最上氏が改易となってからは、鳥居忠政、次いで保科正之が城主となり、その後は数々の譜代大名が入れ替わり立ち替わり城主を務めた。現在、土塁の復元など整備が進んでいる。

DATA	別名	霞城		TEL	023・641・1212(山形市公園緑地課)
	所在地	山形県山形市霞城町1-7		料金	無料
	築城年	延文2(1357)年		見学時間	公園5:00～22:00、二ノ丸東大手門櫓9:30～16:00(季節・施設により異なる)
	築城者	斯波兼頼		休み	なし(施設により異なる)
	形式	平城		アクセス	JR「山形」駅から徒歩約10分

1　3

Topics

最上氏について深く学べる「最上義光歴史館」

霞城公園内にある最上義光歴史館では、最上義光所用「三十八間総覆輪筋兜」をはじめとする武具や資料を収蔵。歴史館の場所には、かつて斯波兼頼の菩提寺があった。

1.三の丸は市街地化しているが、二の丸跡は霞城公園として整備しており、桜の名所として名高い。2.二の丸南大手門。石垣には、馬見ケ崎川で採った安山岩を用いている。3.最上氏は第11代当主・義光の時代に最大版図を築いた。二の丸に義光の銅像が立っている。

おすすめ立ち寄りスポット

水の町屋 七日町御殿堰

みずのまちや なのかまちごてんぜき

約400年前に鳥居忠政が作った水路「御殿堰」を改修。そば店や和雑貨店などが入る。山形市七日町2-7-6。

山形県郷土館「文翔館」

やまがたけんきょうどかん「ぶんしょうかん」

大正5(1916)年に建てられた旧県庁舎と旧県会議事堂を無料公開。豪華な内装に注目。山形市旅篭町3-4-51。

東北有数の威容を誇る赤瓦の天守

09 会津若松城

あいづわかまつじょう

明治新政府軍の砲撃にも
耐え続けた堅固な城

> 本丸の周囲に巨大な馬出しを配置した巧みな設計。巨大な惣構えで城下の武家屋敷を囲んでいた。

　車川と湯川によって形成された扇状地に立地する、会津支配の中心となった城。14世紀に築いた葦名氏の居館・東黒川館をもとに、16世紀末に入った蒲生氏郷が近世城郭として整備した。このときに地名も「黒川」から氏郷の故郷・近江国蒲生郡若松にちなんで「若松」と改められた。会津若松城の異名である「鶴ヶ城」は、氏郷の幼名「鶴千代」と蒲生家の家紋「対い鶴」に由来するともいわれている。

　当初の天守は下見板張の黒壁であったと伝わるが、地震で傾いたため、17世紀の加藤氏の時代に改修し五層・白壁の姿になったとされる。戊辰戦争では、約1カ月に及ぶ籠城戦に耐えた。しかし、相次ぐ同盟諸藩の降伏などを受けて開城し、城内の建物は明治初期に取り壊された。昭和40（1965）年に天守を再建。再建時の天守は黒瓦だったが、明治初期に撮影された古写真の頃は赤瓦だったため、平成23（2011）年に赤瓦に葺き替えた。現在、城跡は鶴ヶ城公園としても親しまれている。

1

2

DATA				
別名	鶴ヶ城、若松城	TEL	0242・27・4005(会津若松観光ビューロー)	
所在地	福島県会津若松市追手町1-1	料金	天守閣・茶室麟閣共通入場券520円	
築城年	元中(至徳)元(1384)年	見学時間	8:30〜17:00(最終入館16:30)	
築城者	葦名直盛	休み	なし	
形式	平山城	アクセス	JR「会津若松」駅から周遊バスにて約20分、バス停「鶴ヶ城入口」から徒歩約5分	

鶴ヶ城観光案内所で
販売。300円。

3

4

1.壮麗な層塔型天守。厳しい寒さで瓦に染み込んだ水が凍結して瓦が割れないように、釉薬をかけた赤瓦を使った。2.西側上空から見た会津若松城。巨大な馬出しは火器を用いた戊辰戦争でも役立った。3. 4.桜や紅葉の名所でもある。

敵の侵入を阻み
反撃するための
さまざまな工夫

むしゃばしりのがんぎ
武者走りの雁木

素早く登って
侵入者を迎え撃つ

石垣上にあった櫓で敵を迎え撃つために、城の玄関口である大手口脇の石垣には階段を設けている。階段をV字型にしているのは、上りと下りを区別するためともいわれている。

門の上の渡櫓から、食糧の貯蔵庫である干飯櫓につながっている。武器庫として使われていた。

南走長屋 みなみはしりながや

本丸への侵入を防ぐ
武器庫兼防衛ライン

表門（鉄門）から堀の方向へ、帯郭と本丸を隔てるように設けた細長い建物。帯郭から本丸への敵の侵入を防ぐために使われたと考えられる。平成13（2001）年に干飯櫓とともに復元した。表門から天守方向にも、「走長屋」という同様の建物を設けている。

扇の勾配 おうぎのこうばい

美しいカーブを描き
そり立つ大石垣

ちゃつぼ
廊下橋から茶壺櫓に至る石垣は高さ約20mにも及ぶ。下部がなだらかで、上部へ向かって勾配が急になる曲線的な石垣の形状は、「扇の勾配」、または「忍者返し」と呼ばれる。勾配をつけると崩れにくく、高い石垣を造ることができた。

旅情を味わうモデルコース

会津若松城周辺には歴史が息づく史跡が今も多く残る。
郷土料理や伝統工芸品に触れるなら七日町通りの老舗へ

Model Course

JR七日町駅
↓ 徒歩すぐ
七日町通り
↓ バス5分＋徒歩10分
会津若松城
↓ 徒歩20分
会津松平氏庭園 御薬園
↓ バス5分＋徒歩10分
松平家墓所
↓ 徒歩10分＋バス7分
飯盛山
↓ 徒歩5分＋バス4分
JR会津若松駅

七日町通り
なのかまちどおり

藩政時代は
問屋街として栄えた

城下町の中心である大町四ッ角と七日町駅を結ぶ通り。古い建物を改装したショップやカフェなどが並んでいる。

☎0242・23・9611（七日町観光案内所）🏠会津若松市七日町

会津松平氏庭園 御薬園
あいづまつだいらしていえん おやくえん

会津の歴代藩主が
愛した山水庭園

約600年前に会津藩主が別荘を建てたことが始まり。のちに薬草園が設けられ、「御薬園」と呼ばれるようになった。

☎0242・27・2472🏠会津若松市花春町8-1🕐8:30〜17:00🈚無休💴一般330円

松平家墓所
まつだいらけぼしょ

会津松平家藩主の
墓が並ぶ荘厳な森

会津藩二代藩主・保科正経から九代藩主・松平容保までが眠る。広大な森にあり、新緑や紅葉の時期がおすすめ。

☎0242・39・1305（会津若松市教育委員会文化課）🏠会津若松市東山町大字石山字墓山🕐見学自由

飯盛山
いいもりやま

白虎隊士が眠る山で
歴史に思いをはせる

会津若松城の北東約3kmにあり、白虎隊自刃の地として知られる。六角三層の「さざえ堂」など見どころも多い。

☎0242・39・1251（会津若松市観光課）🏠会津若松市一箕町八幡🕐見学自由

Topics

白虎隊士も
学んだ
会津の藩校

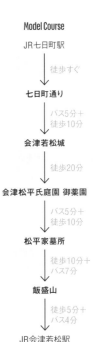

「會津藩校 日新館」では、当時を再現した建物を見学できるほか、赤ベコの絵付け体験などを楽しめる。9:00〜17:00開館（最終受付16:00）、一般620円。JR会津若松駅からバスで約25分。

10 中世（畠山氏）の城から近世城郭に変貌を遂げた

二本松城

にほんまつじょう

二本松市教育委員会提供

丹羽光重が築いた箕輪門。昭和57（1982）年に復元

千田嘉博のひとこと解説
周囲の山の地形を城に取り込んで巧みに用いた。中世の城を基礎に高石垣の城へと変化。

守備に優れた山上の城
戊辰戦争では悲劇の舞台に

　応永21（1414）年頃、室町幕府の内乱に敗れて奥州へ落ち延びた畠山氏が、標高約345mの白旗ヶ峯上に築いた。奥州街道沿いに立地し、16世紀後半に畠山氏が滅亡してからは、安積郡・安達郡支配のための支城として、さまざまな大名が支配権を争った。

　江戸時代に、安土城の普請総奉行・丹羽長秀の孫である光重が大幅に改修し、近世城郭に生まれ変わった。幕末には戊辰戦争の戦場となり、少年兵を含む多くの戦死者を出す悲惨な戦いの舞台になった。中世から近世にかけて、数々の大名が手を加えて強化しながら同じ場所で存続しており、築城技術の変遷を知ることができる。

DATA	別名	霞ヶ城		TEL	0243・55・5154(二本松市文化課)
	所在地	福島県二本松市郭内3		料金	無料
	築城年	応永21(1414)年		見学時間	見学自由
	築城者	畠山満泰		休み	なし
	形式	山城→平山城		アクセス	JR「二本松」駅から徒歩約20分

1　3

1.安土城の石垣を積んだ石工集団である穴太(あのう)衆が石垣を積んだとされる本丸。発掘調査をもとに、平成7(1995)年に復元した。2.三方向を丘陵に囲まれた山上に本丸がある。三の丸の高石垣の高さは最高部で約13mに及ぶ。3.城跡は霞ヶ城公園にもなっており、春は桜が彩る。

Topics

江戸時代から続く秋祭り「二本松の提灯祭り」

丹羽光重の時代に始まったといわれる二本松の提灯祭りは、例年10月第1土・日・月曜に開催される。鈴なりの提灯をつけた太鼓台が、二本松神社周辺を練り歩く。

おすすめ立ち寄りスポット

玉嶋屋　たましまや

二本松は古くから菓子作りが盛ん。玉嶋屋の羊羹は、徳川将軍家に献上されたといわれる。二本松市本町1-88。

岳温泉　だけおんせん

二本松藩によって整備された温泉街。酸性泉の湯が豊富に湧出する。二本松駅からバスで約25分。

11

戊辰戦争の激戦地のひとつ

白河小峰城

しらかわこみねじょう

白河市提供

天守に相当する三重櫓と、正面玄関にあたる前御門

千田嘉博のひとこと解説
みちのくの玄関口である白河において、交通の要衝を押さえた要の城。

交通の要衝に築かれた
「奥州押さえの城」

中世の白河の領主・白河結城氏は、もともと小峰城東南にあった白川城を本拠としていたが、結城宗広の子・親朝が小峰城を築き、小峰家として分立。結城氏と小峰氏の関係が破綻して以降、小峰城が結城氏の本拠となったとされる。江戸時代になると、丹羽長秀の子・長重が初代白河藩主として白河に入封し、石垣を多用した城に改修した。このとき、城の西北を流れていた阿武隈川を北へ付け替えて旧河川の一部を外堀とし、旧河川敷に侍屋敷を設けた。白河は古くから交通の要衝であったことから、丹羽家以降は親藩・譜代が藩主を勤めた。幕末に戊辰戦争の激戦地となり、建物が焼失。現在、三重櫓と前御門が復元されている。

DATA				
別名	小峰城	TEL	0248・27・2310(白河市文化財課)	
所在地	福島県白河市郭内	料金	無料	
築城年	1300年代中期	見学時間	見学自由、三重櫓は9:30〜17:00 (11〜3月は〜16:00)	
築城者	結城親朝	休み	12/29〜1/3	
形式	平山城	アクセス	JR「白河」駅から徒歩約7分	

1　3

Topics

白河小峰城の歴史を模型やVRシアターで紹介

城山公園内のガイダンス施設「小
峰城歴史館」には、江戸時代の小
峰城を体験できる3面VRシアター
などがある。丹羽長重や松平定信
ら歴代藩主の紹介なども行う。

1.高さ約10mにおよぶ桜之門南側の
石垣。大型の石材を使用した切石
積みで石垣表面をすだれ状に加工。
2.二之丸から見た本丸。本丸は丘陵
の西端に置かれ、東西に広がってい
る。3.段丘上の平地に造られた二之
丸。三之丸部分は市街地化してい
るが、本丸・二之丸は城山公園とし
て整備されている。

おすすめ立ち寄りスポット

南湖公園　なんここうえん

白河藩主・松平定信が
享和元(1801)年に築
造。日本庭園などがあ
る。南湖だんごが名物。
白河市南湖。

佐川だるま製造所　さがわだるませいぞうしょ

顔に鶴・亀、松竹梅を模
様化した伝統的な「白
河だるま」を販売。絵付
け体験も実施中。白河
市横町81。

12

茨城県 | 水戸市

国内最大級の土造りの平山城

水戸城

みとじょう

水戸市教育委員会提供

令和3（2021）年に復元・公開した二の丸角櫓

千田嘉博のひとこと解説
櫓や大手門が復元されて、城らしさがより体感できるようになった。

大規模な空堀を巡らせた
水戸徳川家の本拠地

　平安末〜鎌倉初期に馬場大掾資幹が築いた居館・馬場城を前身とする城。江戸氏、佐竹氏を経て、水戸徳川家の居城となった。那珂川と千波湖に挟まれた台地に、大規模な堀と土塁を巡らせた土造りの城。水戸藩初代藩主・徳川頼房の時代に、水戸城および城下町の整備を行った。このとき三階櫓や御殿を立て

たが、のちに火災で焼失。再建した三層五階の三階櫓も戦災によって失った。現在、城域はほぼ学校などの公共施設が立ち並んでいるが、藩校・弘道館や薬医門（もとは本丸橋詰門だったと思われるものを移築）が現存しているほか、復元した大手門や二の丸角櫓などを見ることができる。

DATA				
	別名	馬場城、水府城	TEL	029・306・8132(水戸市歴史文化財課)
	所在地	茨城県水戸市三の丸	料金	無料
	築城年	12世紀末～13世紀初頭	見学時間	施設により異なる
	築城者	馬場大掾資幹	休み	12/29～1/3(二の丸角櫓・二の丸展示館)
	形式	平山城	アクセス	JR「水戸」駅から徒歩約10分

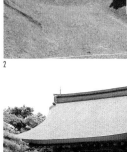

2

1　3

Topics

日本最大級だった藩校「弘道館」

天保12(1841)年、水戸藩九代藩主・徳川斉昭が創設。多様な教育が行われ、水戸藩の学問や思想は吉田松陰や西郷隆盛など他藩の藩士にも影響を与えた。

1.城の正門にあたり、城内で最も格式が高い大手門。慶長6(1601)年頃に佐竹氏が建て、以後何度か建て替えたと考えられている。令和2(2020)年に天保期の姿で復元した。2.土造りの城を象徴する三の丸の空堀。3.安土桃山時代末期に佐竹氏が建てたという薬医門。

おすすめ立ち寄りスポット

偕楽園 かいらくえん

徳川斉昭が造園。茶会などが行われていたという「好文亭」などがある。梅の名所。水戸市常磐町1-3-3。

千波公園 せんばこうえん

白鳥の飛来地として知られる。ランチや休憩は湖畔のレストラン「好文cafe」がおすすめ。水戸市千波町3080。

13

中世の地方武士の居館の姿を今に伝える

足利氏館

あしかがしやかた

正安元(1299)年に再建された本堂。国宝に指定されている

千田嘉博のひとこと解説
堀と土塁が巡る姿は中世の館イメージの代表例。

足利氏の氏寺・鑁阿寺は
かつて足利氏の居館だった

　平安時代末期から鎌倉時代初期にかけて、下野国足利郡(現・栃木県足利市)の足利荘に源姓足利氏が築いた。中世の武士居館に多く見られる、堀と土塁で囲んだ方形の館で、外縁の長さは北が約223m、南が約211m、東が約175m、西が約206mあり、敷地面積は約4万㎡に及ぶ。建久7(1196)年、源姓足利氏二代・義

兼が敷地内に持仏堂を建立。これが足利氏の氏寺・鑁阿寺の始まりとされ、以後室町時代にかけて寺院へと整備が進んだ。

　大正11(1922)年、足利氏宅跡として国の史跡に指定された。現在も寺域の周囲に堀や土塁が残されており、中世の地方武士の館の面影を感じられる。

DATA	別名	鑁阿寺		TEL	0284・41・2627
	所在地	栃木県足利市家富町2220		料金	境内無料
	築城年	建久7(1196)年		見学時間	8:30〜16:30
	築城者	足利義兼		休み	なし
	形式	平城		アクセス	東武鉄道「足利市」駅から徒歩約15分

鑁阿寺本堂札場で販売。500円。

1

2

3

1.本堂正面の山門と太鼓橋。門の両側に立つ仁王像は桃山時代の作といわれる。2.国指定重要文化財の経堂(一切経堂)。応永14(1407)年、関東管領足利満兼によって再建されたものが現存する。通常、内部は一般公開していない。3.寺域はほぼ正方形で、周囲には堀と土塁が巡らされている。

Topics

近くには日本最古といわれる学校「足利学校」も

室町時代中期に関東管領の上杉憲実が学校として整備したと伝わる。現在は江戸時代中期の姿を復元され、当時の様子を体感できる。足利市昌平町2338。

おすすめ立ち寄りスポット

香雲堂本店 こううんどうほんてん

鑁阿寺や足利学校などの古印をあしらった「古印最中」など、足利にちなんだ和菓子が揃う。足利市通4-2570。

足利織姫神社 あしかがおりひめじんじゃ

機織をつかさどる神様を祀り、産業振興と縁結びの神社として信仰を集める。足利市西宮町3889。

徳川四天王の一人、井伊直政が改修した城

14 箕輪城

みのわじょう

井伊直政の時代に造られた城門、郭馬出西虎口門が復元

千田嘉博のひとこと解説
巨大な堀とスケールの大きな造り。復元櫓門が見どころ。

尾根上に主要な曲輪を配し
周囲を巨大な堀で囲った要塞

　西暦1500年頃、関東管領山内上杉氏の配下であった長野氏が築城した。榛名山東南麓に広がる丘陵地帯の中心部に位置し、尾根上に御前曲輪、本丸、二の丸など主要な曲輪を直線的に並べ、その周囲に巨大な堀を巡らせている。城地は東西約500m、南北1100m、総面積36haにも及ぶ。

　武田信玄の侵攻を何度も防いだが、永禄9(1566)年に武田軍の総攻撃により落城した。以降、武田氏、織田氏、北条氏と城主が入れ替わった。天正18(1590)年、家康家臣の井伊直政が入城して改修。しかし、そのわずか8年後に直政が高崎城に移城したことにより、箕輪城は廃城となった。

DATA	別名	なし		TEL	027・371・5111（高崎市箕郷支所）
	所在地	群馬県高崎市箕郷町東明屋638-1		料金	無料
	築城年	1500年頃		見学時間	見学自由
	築城者	長野氏		休み	なし
	形式	平山城		アクセス	JR「高崎」駅からバスにて約40分、バス停「城山入口」から徒歩約5分

2

3

1

1. 本丸は南北約110m、東西約70m。周囲を幅30〜40m、深さ10mの巨大な横堀で囲まれていた。2.鍛冶曲輪の石垣など、城内の石垣は河原石をほとんど加工せず、そのまま積み上げて造られた（野面積み）。3.現在見つかっている石垣、門跡、土塁などは直政時代に造ったものといわれる。

Topics

城の北東にある井伊直政創建の「龍門寺」

箕輪城の鬼門の位置に建ち、天正18（1590）年の創建と伝わる。唐破風の山門があり、表に橘、裏に井桁の紋が刻まれている。高崎市箕郷町東明屋。

おすすめ立ち寄りスポット

箕郷矢原宿カフェ　みさとやばらじゅくかふぇ

大正時代の養蚕住宅を改装。1階和室のカフェでは、コーヒーなどを味わえる。高崎市箕郷町矢原1650。

箕郷温泉 まねきの湯　みさとおんせん まねきのゆ

露天風呂や大浴場など数種類の浴槽を楽しめる。高濃度炭酸泉が自慢。高崎市箕郷町上芝853-1。

15

小田原攻めにより開城した北条氏の支城

鉢形城

はちがたじょう

鉢形城歴史館提供

石積み土塁などが復元された三の曲輪（伝秩父曲輪）の庭園

千田嘉博のひとこと解説
豊臣軍を迎え撃った北条氏の拠点の城。整備が進み、わかりやすい。

2つの川を堀として利用
天然の要害を生かした堅城

文明8(1476)年、関東管領山内上杉氏の家臣・長尾景春によって、荒川と深沢川に挟まれた河岸段丘上に築かれたとされる。永禄年間(1558〜1570年)に北条氏三代・北条氏康の四男氏邦が入城。整備拡充を行い、北条氏の北関東支配の拠点となった。武田信玄や上杉謙信らの侵攻にも耐えた堅固な城であったが、

豊臣秀吉の小田原攻め(1590年)で前田利家・上杉景勝らが率いる北国軍約5万に包囲され、氏邦は約3500の兵とともに1カ月籠城したのち城兵の助命を条件に開城した。

近年行った発掘調査の成果をもとに、堀や土塁などを復元整備。北条氏の優れた築城技術が見られる。

DATA	別名	なし	TEL	048・586・0315（鉢形城歴史館）
	所在地	埼玉県大里郡寄居町鉢形2496-2	料金	無料（鉢形城歴史館200円）
	築城年	文明8（1476）年	見学時間	見学自由（鉢形城歴史館9:30〜16:30、最終入館16:00）
	築城者	長尾景春	休み	なし（鉢形城歴史館は祝日を除く月、祝日の翌日、年末年始）
	形式	平山城	アクセス	JR・秩父鉄道・東武鉄道「寄居」駅から徒歩約25分

御城印情報

鉢形城歴史館受付で販売。300円。

1

2

3

Topics

鉢形城跡のガイダンス施設「鉢形城歴史館」

鉢形城の縄張りや城下町絵図、周辺の遺構のほか、鉢形城や城主・北条氏邦についてわかりやすくモニターで紹介。鉢形城復元模型もある。

1.復元整備され、鉢形城公園として一般公開している。荒川からは断崖の上に造られた本曲輪を望める。2.内堀の役割を担っていた荒川の支流・深沢川。3.土塁と堀で区切った二の曲輪の堀。自然地形を活用した天然の要害で、戦国時代の遺構を良好に残している。

おすすめ立ち寄りスポット

枕流荘 京亭

ちんりゅうそう きょうてい

鮎料理が自慢の割烹旅館。食事のみの利用も可（昼食、夕食ともに電話にて要予約）。寄居町寄居547。

埼玉県立川の博物館

さいたまけんりつかわのはくぶつかん

日本最大級の木製大水車や荒川大模型などがあり、楽しみながら学べる河川系総合博物館。寄居町小園39。

16

東日本で唯一現存する本丸御殿
川越城

かわごえじょう

川越市立博物館提供

最大17万石余であった川越藩の御殿建築

唐破風が見事な
本丸御殿が現存する

　長禄元（1457）年、扇谷上杉家当主・上杉持朝が古河公方足利成氏に対抗するため、太田道真・道灌親子に命じて築城。江戸時代には「江戸の北の守り」として重視され、寛永16（1639）年、川越藩主・松平信綱が城の大規模な拡張・整備を行った。総坪数は堀と土塁を除いて約4万1000坪だったと伝わる。川越城

唯一の遺構である本丸御殿は、嘉永元（1848）年に時の藩主・松平斉典が造営したもので、16棟の建物があったという。明治以降に解体され、現在は玄関と大広間、移築復元された家老詰所のみが残る。そのほか、本丸御殿の周辺には富士見櫓跡や、拡張後の勾配を復元した中ノ門堀跡などがある。

DATA	別名	初雁城		TEL	049・222・5399(川越市立博物館)
	所在地	埼玉県川越市郭町2-13-1		料金	本丸御殿100円
	築城年	長禄元(1457)年		見学時間	本丸御殿は9:00~17:00(最終入館16:30)
	築城者	太田道真・道灌		休み	本丸御殿は月(祝日の場合翌日)、第4金、12/29~1/3
	形式	平山城		アクセス	JR「川越」駅または西武新宿線「本川越駅」からバスにて約10分、バス停「札の辻」から徒歩約10分

川越市教育委員会提供

1

3

1.本丸御殿の廊下。現在、部屋の仕切りに杉戸が使われている。2.大広間は36畳あり、藩主が来るまで来客が待機していた場所だったといわれる。3.本丸御殿南西方向の高台には富士見櫓跡がある。川越城には天守閣がなく、富士見櫓が物見の役割を担っていたともいう。

Topics

城下町模型を展示する「川越市立博物館」

川越市立博物館には、幕末期の川越の様子がわかる城下町模型などを展示。城下町として栄えた小江戸・川越の歴史を解説する。川越市郭町2-30-1。

おすすめ立ち寄りスポット

鐘つき通り かねつきどおり

「時の鐘」がある通りに商店が並ぶ。時の鐘は川越藩主・酒井忠勝が創建したのが始まり。

(一社)埼玉県物産観光協会提供

三芳野神社 みよしのじんじゃ

約1200年の歴史をもつ古社。川越城の天神曲輪に建ち、歴代城主をはじめ、多くの人々の信仰を集めた。

17

さまざまな工夫を施した迷路のような城

杉山城

すぎやまじょう

大手口に面して、外郭と馬出しを配している

千田嘉博のひとこと解説
本丸を中心にした階層的なプランを体感できる魅力的な城。

高度な築城技術から「築城の教科書」とも評される

　市野川を挟んで鎌倉街道を見下ろす比企丘陵上に築かれた、戦国時代の山城。本郭を中心に北・東・南の3方向に、高低差を利用して階段状に曲輪を配置した。さらに土塁や堀を複雑に巡らし、塁線には折れを多用するなど、縄張りは迷路のように入り組んでいた。約14万㎡と規模は大きくないが、防御に優れた城

であった。城郭としての完成度が高い城だったにもかかわらず、史料がなく築城年や城主は不明。長年、築城技術の高さから北条氏の城と考えられていたが、近年の発掘調査で出土した遺物の年代から、長享の乱（1487〜1505年）前後に関東管領山内上杉氏が築いたという説もある。

DATA					
	別名	なし	TEL	0493・62・2150（嵐山町役場）	
	所在地	埼玉県比企郡嵐山町杉山地内	料金	無料	
	築城年	戦国時代	見学時間	見学自由	
	築城者	不明	休み	なし	
	形式	山城	アクセス	東武鉄道「武蔵嵐山」駅から徒歩約40分	

御城印情報

嵐山町ステーション
プラザ嵐なびで販売。
500円。

1

2

3

1.馬出しと南三の郭の間には、敵の侵入を防ぐために塁線を屈曲していた。2.南二の郭の入口は、南三の郭からそのまま直進できないよう、右に折れ曲がったくい違い出入口になっていた。3.籠城戦に備えて、水を確保できるように城内には2カ所の井戸があった。

Topics

比企丘陵にある「菅谷館跡」へも足を延ばして

嵐山町には畠山重忠の館跡とされる菅谷館跡もある。中世の城に関する博物館と合わせて立ち寄りたい。杉山城跡から車で15分ほど。嵐山町菅谷。

おすすめ立ち寄りスポット

鬼鎮神社 きぢんじんじゃ

菅谷館の鬼門に建てられたのが始まりという。鬼を大切にしており、鬼のお守りが人気。嵐山町川島1898。

岡松屋 おかまつや

史跡最中や嵐山町のキャラクターをかたどった人形焼き「嵐丸焼き」などを販売。嵐山町菅谷390。

18

歴代城主の多くが老中を務めた「老中の城」

佐倉城

さくらじょう

復元された椎木門北側の巨大な馬出し空堀は見ごたえがある

千田嘉博のひとこと解説
国立歴史民俗博物館があり、日本の歴史と文化を学ぶことができる。

老中・土井利勝が整備し
江戸防衛の東の要を担う

　下総守護の千葉親胤の命により、天文年間（1532〜1552年）に千葉氏一族の鹿島幹胤が築城を始めたが、親胤が暗殺され工事は中断。慶長15（1610）年、老中・土井利勝が佐倉に加増転封し、まったく新しい城を7年かけて築いた。以降、江戸を守る東の拠点として重視された。老中などの幕府要職に就いた大名が城主になることが多かったことから、「老中の城」とも呼ばれた。

　明治の廃城令では存城となったものの、陸軍部隊の設置に伴い櫓や門など、城内のほとんどの建物を取り壊した。昭和54（1979）年、佐倉城址公園として整備され、園内では天守跡や空堀などが見られる。

DATA	別名	鹿島城		TEL	043・484・6165（佐倉市公園緑地課）
	所在地	千葉県佐倉市城内町官有無番地		料金	無料
	築城年	慶長16（1611）年〜元和2（1616）年		見学時間	見学自由
	築城者	土井利勝		休み	なし
	形式	平山城		アクセス	京成電鉄「京成佐倉」駅からバスにて約12分、バス停「国立博物館入口」から徒歩約5分

御城印情報

佐倉市観光協会（京成佐倉駅前）で販売。400円。

1

2

3

1. 佐倉城址公園の三の丸跡にある茶室「三逕亭」。昭和58（1984）年、東京都港区の乃木神社から移築した。2.佐倉城は石垣を用いない土造りの城で、印旛沼、鹿島川、高崎川が囲んだ鹿島台地上に築いた。3.天守は文化10（1813）年に焼失後、再建しなかった。

Topics

日本の歴史を伝える「国立歴史民俗博物館」

先史・古代から近現代まで日本の歴史に関する資料をテーマ別に展示する国立歴史民俗博物館。歴史学、考古学、民俗学の貴重な資料を収蔵している。

おすすめ立ち寄りスポット

旧堀田邸 きゅうほったてい

最後の佐倉藩主・堀田正倫の邸宅。国指定名勝の「さくら庭園」は常時開放している。佐倉市鏑木町274。

（公社）千葉県観光物産協会提供

蔵六餅本舗 木村屋 ぞうろくもちほんぽ きむらや

明治期に銀座木村屋2号店として創業。「蔵六餅」や「十一万石最中」など佐倉銘菓を販売。佐倉市新町222-1。

19

都内広域に遺構が残る国内最大の城

江戸城

えどじょう

© (公財) 東京観光財団

徳川将軍家の居城で約260年続いた江戸幕府の政庁

　長禄元 (1457) 年、扇谷上杉氏の家臣・太田道灌が築城。のちに北条氏の支城となったが、豊臣秀吉の小田原攻め (1590年) により北条氏は滅亡。徳川家康にその旧領が与えられた。

　家康は、慶長8 (1603) 年に江戸幕府を開くと、城の大規模な拡張・整備に着手。家康・秀忠・家光の三代にわたる天下普請によって、寛永13 (1636) 年頃、国内最大の城が完成した。天守を江戸初期に3度立てたが、明暦の大火 (1657年) による焼失後は天守台を再建したものの、天守は城下町の復興を優先して立てなかった。幕末には桜田門外の変 (1860年)、江戸無血開城 (1868年) などの歴史的事件の舞台になった。

　260余年続いた江戸幕府の政庁であった江戸城は、明治に入ると皇居となった。本丸、二の丸、三の丸は一部を除いて皇居東御苑として整備・公開しており、天守台や櫓、城門などを見学できる。四谷や赤坂などの外堀沿いにも江戸城の遺構が多数残されている。

千田嘉博のひとこと解説

本丸一帯は皇居東御苑として公開している。巨大な本丸には松の廊下の位置などを示していて興味深い。皇居 (西の丸) の見学ツアーでは、富士見櫓を近くから眺められる。

1

2

DATA	別名	千代田城		TEL	03・3213・1111
	所在地	東京都千代田区千代田1-1		料金	無料
	築城年	長禄元(1457)年		見学時間	9:00～17:00(最終入場16:30、季節により異なる)
	築城者	太田道灌		休み	皇居東御苑は月、金(天皇誕生日以外の「国民の祝日等の休日」は公開。月が休日の場合は翌日休み)、12/28～1/3
	形式	平城		アクセス	JR「東京」駅から徒歩約5分

3

4

1.明治20(1887)年竣工の皇居正門石橋。奥には二重橋が架かる。2.二の丸庭園は九代将軍家重時代の庭絵図面をもとに復元した回遊式庭園。3.桔梗堀に面してそびえる桜田二重櫓。4.大手門とともに大名の登城の際に使っていた内桜田門。

明暦の大火を免れた
江戸時代築の建物は
見逃せない

富士見櫓 ふじみやぐら

天守の焼失以後
その代わりとして使用

本丸東南端に位置する、高さ
約16mの三重櫓。どの角度から
見ても同じような形に見える
ことから、「八方正面の櫓」とも
呼んだ。天守の焼失後、富士見
櫓が天守の代用となった。

一般社団法人千代田区観光協会提供

門 もん

広い城を守るため数多く設置

国内最大規模の城を守るため、合わせて100
以上の城門があった。現在、大手門など11の
門が見られる。

石垣 いしがき

石材の加工・積み方の違いに注目

家康の頃は自然石の荒割り石材を、元和期
以降は四角く整えた石材を用いた。写真は
白鳥濠の石垣。

百人番所 ひゃくにんばんしょ

鉄砲百人組が警護した
江戸城最大の番所

長さ50mを超える江戸城最大
の番所。大手門から大手三の門
を抜けた先にある。鉄砲百人組
（根来組、伊賀組、甲賀組、廿五
騎組）が警護していた。城内で現
存する数少ない建物のひとつ。

旅情を味わうモデルコース

広大な江戸城跡を巡るには3時間ほどはみておきたい。
現在は様変わりした江戸城ゆかりの地も歩こう

和田倉噴水公園

わだくらふんすいこうえん

一般社団法人千代田区観光協会提供

皇居外苑での
休憩におすすめ

江戸時代初期には倉庫や海上
輸送の拠点、その後は幕府の
御用地や大名屋敷などとして
利用した場所。園内には開放
感あふれる無料休憩所がある。

🏠 千代田区皇居外苑3-1

霞が関

かすみがせき

©(公財)東京観光財団

多くの大名が
住んでいた武家地

官庁街で知られる霞が関には、
かつて大名屋敷が多くあった。
現在は国会議事堂など官公庁
が集まるが、外堀跡の石垣が随
所に残っている。

🏠 千代田区霞が関

日枝神社

ひえじんじゃ

©(公財)東京観光財団

江戸城の鎮守として
徳川家に崇敬された

江戸城内に鎮座していたが、城
の拡張に伴い、隼町を経て現
在地に至る。境内には神様の使
いである「神猿像」が置かれる。

☎ 03・3581・2471 🏠 千代田区永田町
2-10-5 🕐 6:00〜17:00 🈺 無休

麹町大通り

こうじまちおおどおり

なんでも揃うといわれた
江戸時代からの商業地

家康が江戸に入ると、現在の
麹町大通り沿いに町屋を開い
た。現在はビジネス街だが、通
り周辺には老舗の菓子店や飲
食店などが今も点在する。

🏠 千代田区麹町

Model Course

JR東京駅
　↓ 徒歩5分
江戸城
　↓ 徒歩すぐ
和田倉噴水公園
　↓ 徒歩20分
霞が関
　↓ 徒歩20分
日枝神社
　↓ 徒歩20分
麹町大通り
　↓ 徒歩すぐ
地下鉄半蔵門駅

Topics

**「舟遊びみづは」の
石垣が見える
ルートが人気**

和モダンな船でのク
ルーズが人気の「舟
遊びみづは」では、石
垣が見える運航ルー
ト「神田川江戸の水
路舟遊び」を用意。
大人4000円、所要90
分、運航日はHPで要
確認。日本橋船着場
が起点となる。

20 滝山城

二の丸の集中防御で武田信玄の猛攻を防ぐ

たきやまじょう

DATA	別名	なし		TEL	042・620・7378(八王子市観光課)
	所在地	東京都八王子市高月町		料金	無料
	築城年	大永元(1521)年		見学時間	見学自由
	築城者	大石氏		休み	なし
	形式	平山城		アクセス	JR「八王子」駅からバスにて約20分、バス停「滝山城址下」からすぐ

八王子市観光課提供

千田嘉博のひとこと解説

滝山城と八王子城は戦国期北条氏の拠点のひとつ。どちらも遺構がよく残っている。

1 3

2

北条氏照の居城となった八王子にある二つの城

　北条氏三代・北条氏康の三男氏照の居城。北を断崖、南を入り組んだ谷が囲んだ、加住丘陵上に位置した。本丸・中の丸の防衛拠点として、二の丸を3つの尾根が集中する地点に造り、3カ所の出入口すべてに馬出しを設けるなど、特に堅固な造りであった。永禄12(1569)年、甲斐の武田信玄が猛攻した際も二の丸は落とせなかったと伝わる(滝山合戦)。

　氏照は滝山城から約9km離れた深沢山に八王子城を新たに築き、天正12～15(1584～87)年頃に居城を移した。天正18(1590)年、氏照が小田原城に入っていて不在の間に秀吉軍の猛攻を受け、多数の被害を出しながら攻め落とされた。

秀吉軍の猛攻によって1日で落城

八王子城

はちおうじじょう

DATA	別名	なし		TEL	042・663・2800(八王子城跡ガイダンス施設)
	所在地	東京都八王子市元八王子町3-2664-2		料金	無料
	築城年	天正10(1582)年頃		見学時間	八王子城跡ガイダンス施設9:00~17:00
	築城者	北条氏照		休み	八王子城跡ガイダンス施設12/29~1/3
	形式	山城		アクセス	JR「高尾」駅からバスにて約5分、バス停「霊園前・八王子城跡入口」から、徒歩約20分

八王子市教育委員会提供

5

4　6

1.現在は都立滝山自然公園として整備。2.かなりの広さがあったことから、千畳敷と名付けたという。3.本丸と中の丸の間にある深い堀切に架かる引き橋。4.北条氏の支城の中では最大規模の山城。5.当時の石垣などをできる限り用いて復元した出入口。6.氏照の居館があったとされる御主殿跡。建物の礎石や水路跡などが見つかっている。

おすすめ立ち寄りスポット

道の駅 八王子滝山　みちのえき　はちおうじたきやま

直売所やフードコートなどで八王子の味覚を満喫。滝山城から徒歩で約25分。八王子市滝山町1-592-2。

御菓子司 千松園　おんかしつかさ　せんしょうえん

創業約90年。大納言小豆をたっぷり使った「八王子城もなか」がおすすめ。八王子市大横町1-13。

新博物館「桑都日本遺産センター 八王子博物館」

2021年6月にオープン。滝山城と八王子城の投影模型がある。八王子市子安町4-7-1サザンスカイタワー八王子 3階。

21 上杉謙信・武田信玄を退けた城

小田原城

おだわらじょう

秀吉の小田原攻め前には
総延長9kmに及ぶ惣構えに

　15世紀中頃、駿河国の大森氏が小田原地方に進出し、城を築いたという。その後、北条氏の居城となり、五代約100年にわたって関東支配の本拠として整備拡張。永禄4（1561）年に上杉謙信、永禄12（1569）年に武田信玄の猛攻をしのいだ。

　豊臣秀吉の攻撃に備え、天正18（1590）年には堀と土塁で城下を取り囲む総延長約9kmの巨大な惣構えを築いた。しかし同年、秀吉軍約18万に包囲され、北条氏は約3カ月に及ぶ籠城戦ののち城を明け渡した。その後、大久保氏、稲葉氏が城主になり改修を加え、小田原城は近世城郭の姿に。

　明治3（1870）年に廃城となり、多くの建物が取り壊され、解体を免れた建物も関東大震災（1923年）で崩壊。昭和9（1934）年に隅櫓を再建し、昭和35（1960）年には天守を復興した。以降、常盤木門、銅門、馬出門などを復元整備し、小田原城は往時の姿を取り戻しつつある。

小田原城総合管理事務所、かながわフォトライブラリー提供

千田嘉博のひとこと解説

近世小田原城の中心部も面白いが、八幡山古郭と呼ぶ尾根筋では北条氏時代の惣構えが見られる。巨大な堀が豊臣軍の攻撃に備えた。

1

2

DATA					
別名	なし		TEL	0465・22・3818(小田原城天守閣)	
所在地	神奈川県小田原市城内6-1		料金	天守閣510円	
築城年	15世紀中頃		見学時間	9:00〜17:00(最終入館は16:30)	
築城者	大森氏		休み	12月第2水、年末年始	
形式	平山城		アクセス	JRほか「小田原」駅から徒歩約10分	

登閣記念 小田原城 令和 年 月 日

天守閣1階入場券販売所で販売。戦国時代版(写真)と江戸時代版の2種。各300円。

3

4

1. 江戸時代の姿に復興した天守。内部は甲冑や刀剣、絵図などを展示する資料館。最上階は展望台。2. 二の丸の隅櫓。春には東堀沿いの桜との共演を楽しめる。3.4. 本丸を中心に整備した城跡では初夏にアジサイやハナショウブが咲き誇る。

城内の門や櫓などが
昭和以降に復元され
江戸期の美しい姿に

銅門 あかがねもん

古写真や絵図をもとに
本来の工法で復元

馬屋曲輪から二の丸へと通じる位置にある枡形門。扉の装飾に銅が使われていることからその名が付いたとされる。平成9（1997）年、本来の工法で復元。土・日曜、祝日には特別公開が行われ、内部の見学もできる。

馬出門 うまだしもん

二の丸の正面に構える
枡形形式の城門

馬出門と内冠木門の2つの門と、石垣、土塀で四角に囲んだ枡形の総称。二の丸正面に位置し、寛文12（1672）年の改修で枡形形式となった。発掘調査の成果から、2つの門は各控え柱に屋根が付いた高麗門形式と判断され、平成21（2009）年復元。

隅櫓 すみやぐら

廃城の際も残されたが
関東大震災により倒壊

二の丸の東堀沿いに立つ。廃城となった際、城内の多くの建造物が破却されたが、隅櫓は解体されなかった。しかし、大正12（1923）年の関東大震災で倒壊。昭和7（1932）年に二の丸の石垣の復旧工事が完了。その2年後、隅櫓を再建した。

旅情を味わうモデルコース

駅前の新商業施設などさらに賑わいをみせる小田原。
歴史を伝えるスポットに立ち寄りながら市内を歩こう

Model Course

JR小田原駅
↓ 徒歩15分
八幡山古郭
↓ 徒歩10分
小田原城
↓ 徒歩2分
報徳二宮神社
↓ 徒歩6分
清閑亭
↓ 徒歩7分
ういろう
↓ 徒歩15分
JR小田原駅

八幡山古郭

はちまんやまこかく

戦国期の小田原城を
伝える貴重な遺構

15世紀、北条早雲が大森藤頼を破った頃の小田原城の中心地のひとつと考えられている。丘陵上の東曲輪は国指定史跡。

🏠 小田原市城山3-24 🕐 見学自由

報徳二宮神社

ほうとくにのみやじんじゃ

二宮尊徳翁の生誕地・
小田原に創建

明治27(1894)年に小田原城二の丸の一角に創建され、二宮尊徳翁を祀る。境内には和食レストランやカフェなどがある。

☎ 0465・22・2250 🏠 小田原市城内8-10 🕐 9:00～17:00 ⑭ 無休

清閑亭

せいかんてい

小田原城三の丸土塁の
一角にある数寄屋建築

黒田官兵衛の子孫で明治期の政治家・黒田長成の別邸。茶室の意匠を取り入れた建物や相模湾への眺望が魅力。

☎ 0465・22・2834 🏠 小田原市南町1-5-73 🕐 11:00～16:00 ⑭ 火、年末年始ほか

ういろう

ういろう

北条早雲に招かれた
外郎家が作る伝統菓子

ういろう

家名に由来する「ういろう」は室町時代に国賓のもてなしに考案した米粉の蒸し菓子。当地販売を基本とする小田原銘菓。

☎ 0465・24・0560 🏠 小田原市本町1-13-17 🕐 10:00～17:00 ⑭ 水、第3木、12/31、1/1

Topics

ひと足延ばして
「石垣山城」が
あった笠懸山へ

豊臣秀吉が小田原攻めの際に築いた総石垣の城「石垣山城」は、現在は史跡「石垣山一夜城」に。野面積みの石垣などが今も残る。移動は土日祝運行の小田原宿観光回遊バス「うめまる号」が便利。

3匹の鯱がのる三階櫓を復元

新発田城

しばたじょう

天守に相当した三階櫓。丁字型の入母屋が特徴

千田嘉博のひとこと解説
本丸の三階櫓を復元している。近世城郭が自衛隊駐屯地に隣接している。

新発田重家の居城跡に
溝口秀勝が新城を築いた

　天正15(1587)年、上杉謙信の後を継いだ景勝が新発田重家を攻め、重家の居城であった新発田城が落城。その後、慶長3(1598)年、豊臣秀吉の命で景勝が会津に移封され、溝口秀勝が越後に入った。秀勝は、重家の居城跡に築城を開始。治水や開墾などの事業にも着手し、新発田の礎を築いた。城が完成し

たのは、入封から56年後の承応3(1654)年。三代・宣直の時代のことであった。しかし、火災や災害などで、その後も城内の建物は再建を繰り返した。明治期に本丸の一部を除いて取り壊したが、平成16(2004)年に三階櫓と辰巳櫓を再建。三階櫓の最上階の屋根を工夫して3匹の鯱をのせている。

DATA	別名	菖蒲城		TEL	0254・22・9534(新発田市文化行政課)
	所在地	新潟県新発田市大手町6		料金	無料
	築城年	慶長7(1602)年		見学時間	9:00～17:00(11月は～16:30)
	築城者	溝口秀勝		休み	12～3月
	形式	平城		アクセス	JR「新発田」駅から徒歩約25分

1

2

3

Topics

新発田藩溝口家の下屋敷「清水園(清水谷御殿)」

元禄6(1693)年に完成。幕府の茶道方だった縣宗知(あがたそうち)が造ったという大名式回遊庭園を観賞できる。カフェレストランもある。新発田市大栄町7-9-32。

1.三階櫓とともに復元した辰巳櫓。宣直の時代に初めて造られた。かつては11棟の櫓と5つの門があった。2.本丸表門。門前に新発田出身の赤穂義士・堀部安兵衛の銅像がある。3.旧二の丸隅櫓と表門は国の重要文化財。城跡の一部が新発田城址公園となっている。

おすすめ立ち寄りスポット

宝光寺 ほうこうじ

新発田藩溝口家の菩提寺。淨見堂、御霊屋、溝口家墓所の見学は有料。桜の名所。新発田市諏訪町2-4-17。

月岡温泉 つきおかおんせん

エメラルドグリーンの硫黄泉で知られる。温泉街の散策も楽しめる。JR「豊栄」駅からシャトルバス運行。

23

上杉謙信の居城として知られる

春日山城

かすがやまじょう

日本海や頸城（くびき）平野を望める本丸跡

千田嘉博のひとこと解説
山上の曲輪はよく残っている。
山麓の惣構えも見どころ。

城の広さを体感できる
戦国時代の山城

標高約180mの春日山に築き、東西、南北ともに約2kmの広さを誇る山城。創築時期は不明だが、永正10(1513)年の古文書には存在を記されている。広大な城郭に整備したのは、上杉謙信、景勝、堀氏の時代と考えられている。山頂を利用した小規模な城から始まり、南に拡大して屋敷を形成し、最終的に惣構えを築いた。200以上の曲輪を配置し、山全体を要塞化。山内には家臣たちの屋敷もあった。慶長3(1598)年、景勝の会津移封に伴い堀秀治が入城したが、その後、堀氏が福島城に移ったため廃城になった。現在も曲輪や空堀、土塁、大井戸などが残り、城跡を一周できる散策コースがある（所要時間2時間程度）。

DATA					
	別名	蜂ヶ峰城	TEL		025・545・9269（上越市教育委員会文化行政課）
	所在地	新潟県上越市大字中屋敷ほか	料金		無料
	築城年	南北朝時代	見学時間		見学自由
	築城者	不明	休み		なし
	形式	山城	アクセス		JR・えちごトキめき鉄道「直江津」駅からバスにて約16分、バス停「春日山荘前」から徒歩約15分

御城印情報

春日山城

令和　年　月　日

上越市埋蔵文化財センター受付で販売。300円。

1

2

3

1. 城跡の見学コース入口に立つ謙信公像。近くにはお土産などを販売する売店がある。2. 千貫門跡。3. 三の丸跡には米蔵跡や三郎景虎屋敷跡がある。土塁も良好な状態で残っているほか、毘沙門堂、景勝屋敷などがある。山道を歩くので、動きやすい服装で。

Topics

「春日山城跡ものがたり館」で中世の様子を体感

春日山城のなりたちについて学べる春日山城跡ものがたり館。土塁や堀、堀立柱建物などを復元した春日山城史跡広場が隣接している。上越市大豆334。

おすすめ立ち寄りスポット

上越市埋蔵文化財センター

じょうえつしまいぞうぶんかざいせんたー

春日山城絵図や遺跡の出土品などを展示。春日山城大手道入口から徒歩2分。上越市春日山町1-2-8。

春日山神社

かすがやまじんじゃ

春日山城の入口からすぐの場所にある。記念館には上杉謙信の遺品や資料を収蔵。上越市大豆1743。

24

水堀や郭などが当時のまま残された
高岡城

たかおかじょう

高岡市提供

春は約1800本の桜が水堀を彩るため、土塁はほとんど見えない

近世城郭の全体像を見られる
貴重な史跡・高岡城跡

　城は改修・増築を重ねたものが多いが、高岡城は堀や土塁など、そのすべてを一から築き、そのまま残るのが特色である。慶長14（1609）年、前田利家の長男・利長の隠居城として築城。同年に隠居していた富山城を焼失したため、利長はこの城で加賀藩全体の政治を執り行っていた。利長の死後も城は維持され

ていたが、同20（1615）年の一国一城令で廃城となって建物を取り壊した。しかし、水堀や曲輪、土塁などは現在も当時のままになっており、近世城郭の貴重な資料となっている。高岡城は本丸を取り巻く曲輪が馬出しとして機能するようにした縄張りで、同時期に築城が進んだ名古屋城とともに当時最新の設計だった。

DATA				
別名	なし	TEL	0766・20・1563(高岡古城公園管理事務所)	
所在地	富山県高岡市古城1	料金	無料	
築城年	慶長14(1609)年	見学時間	見学自由(三の丸茶屋9:00〜17:00)	
築城者	前田利長(伝承)	休み	なし(三の丸茶屋は月、祝日の場合は翌日)	
形式	平城	アクセス	JR「越中中川」駅から徒歩約4分	

御城印情報

国指定史跡
来訪記念
高岡城跡
令和　年　月　日
高岡古城公園

三の丸茶屋で販売。
300円(2枚セット500
円)。

1

2　　　　　　　　　　3

1.標高15mの台地上にある平城
で、広大な水堀と土塁を築いた。
総面積217,694㎡のうち、約37%
が人工の水堀。2.前田利長の像
が立つ本丸。明治8(1875)年に成
立の近代公園も文化財として価
値をもつ。3.本丸へ行く土橋両面
にある粗加工石積みの石垣。さま
ざまな刻印がある。

Topics

高岡の歴史史料を収蔵する「高岡市立博物館」

高岡城内にある高岡市立博物
館では、江戸時代初期の築城に
よって発展した高岡の歴史を紹
介している。前田利長書状や高
岡城図などを収蔵・展示。

おすすめ立ち寄りスポット

金屋町 かなやまち

高岡鋳物発祥の地で、
今も格子造りの建物が
残る。鋳物の製作体験
ができる工房もある。高
岡市金屋町。

とこなつ本舗 大野屋 とこなつほんぽ おおのや

江戸時代からの老舗。
餅菓子「とこなつ」や和
菓子木型で作る「高岡
ラムネ」が人気。高岡市
木舟町12。

25

立体復元によって加賀百万石前田家の城がよみがえる

金沢城

かなざわじょう

二の丸が藩政の中心に
なったことを反映した造り

前田利家が金沢に入って築城を始め
たのは、天正11（1583）年のこと。その時
点で能登・加賀二カ国の領主で、それに
ふさわしい城を利家は築いた。加賀百万
石という屈指の大大名となったのは、江
戸時代に入ってから。戦国時代を生き抜
き、徳川時代にも石高を増やした前田家
だが、その威風にふさわしい城を現地で
体感できる。金沢城は慶長7（1602）年の
落雷で天守が焼失。元和6（1620）年と寛
永8（1631）年には火災で城内の建物を
失った。宝暦9（1759）年、文化5（1808）年
にも火事で櫓や御殿を失っている。最初
の火災後から天守は再建しなかったが、
火災のたびに御殿や櫓を再建し、二の丸
の御殿を中心にした城へと発展していっ
た。さらに初期にあった玉泉院丸庭園に
加え、延宝4（1676）年頃から城に接して
大庭園を造り始め、文政5（1822）年に松
平定信による「兼六園」の揮毫を得て兼
六園の名が定まった。

現在は、菱櫓、鼠多門などが再建さ
れ、往時の姿がよみがえっている。

加賀前田家の本拠。近代以降
に軍や金沢大学が遺構を破壊
したが、金沢城調査研究所に
よる調査が進み、石垣や堀、庭
園、櫓門などが復元され、往時
の姿がよみがえってきた。

1

2

DATA	別名	尾山城	TEL	076・234・3800（金沢城・兼六園管理事務所）
	所在地	石川県金沢市丸の内1-1	料金	菱櫓・五十間長屋・橋爪門続櫓・橋爪門320円
	築城年	天正8(1580)年	見学時間	7:00～18:00(10/16～2月末日は8:00～17:00)、施設により異なる
	築城者	佐久間盛政	休み	なし
	形式	平山城	アクセス	JR「金沢」駅からバスにて約15分、バス停「兼六園下・金沢城」から徒歩5分

3

4

1. 明治期まで残っていた三層三階の菱櫓など江戸時代の建造物を復元。2. 天明8(1788)年に再建した石川門。藩政期の様子を伝える現存建物。3. 菱櫓と橋爪門続櫓を結ぶ多聞櫓、五十間長屋。4. 日没～21時にライトアップされる。

石川県観光連盟提供

復元整備が進み
往時の姿がよみがえる
金沢城

鼠多門・鼠多門橋
ねずみたもん・ねずみたもんばし

約140年ぶりに復元した城門

鼠多門は城の西側の玉泉院丸にあり、金谷出丸（現・尾山神社境内）の出入口とされたが、明治期に焼失。発掘成果と絵図・文献の調査に基づき、令和2（2020）年に復元した。

菱櫓・五十間長屋・橋爪門続櫓
ひしやぐら・ごじっけんながや・はしづめもんつづきやぐら

文化年間の姿に
伝統木造工法で再現

二の丸で一番高い三層の物見櫓「菱櫓」、二の丸大手の橋爪門枡形に付随する「橋爪門続櫓」、菱櫓と橋爪門続櫓を結ぶ「五十間長屋」。橋爪門の枡形は本来2つ連続するが、1つのみを復元。平成13（2001）年より公開。

金沢城三御門　かなざわじょうさんごもん

門を整備し、江戸後期の景観に

城門で特に重要とされた石川門、河北門、橋爪門。石川門は天明8（1788）年再建のものが現存。河北門は平成22（2010）年、橋爪門（写真）は平成27（2015）年に復元。

石垣　いしがき

「石垣の博物館」とも呼ばれる城

野面積み、打ち込みハギ、切り込みハギといった各時代の石積み技法を見られるのも金沢城の特徴。城内の各所に、石垣技術を解説する案内板がある。

旅情を味わうモデルコース

観光都市・金沢には史跡・名所が多数ある。
加賀百万石の歴史に触れられるスポットを紹介

近江町市場
おうみちょういちば

開場300年を迎えた
金沢市民の台所

享保6(1721)年に誕生。約170
店が集まり、金沢の味覚を楽
しめる。名物の海鮮丼は必食。

☎076・231・1462(近江町市場商店街
振興組合) ⊕金沢市上近江町50 ⊗
9:00〜17:00(店舗により異なる) ⊗
年始(店舗により異なる)

尾山神社
おやまじんじゃ

前田利家と
正室お松の方を祀る

和漢洋の建築様式が用いた珍
しい造りの神門がある。神門の
最上階にはギヤマンがはめ込ま
れている。

☎076・231・7210 ⊕金沢市尾山町
11-1 ⊗見学自由(授与所は9:00〜
17:00) ⊗無休

兼六園
けんろくえん

日本三名園のひとつ
美しい園内で四季を体感

加賀藩五代当主・前田綱紀が築
いた別荘と庭園が始まり。休憩
や食事ができる茶店もある。国
の特別名勝に指定されている。

☎076・234・3800(金沢城・兼六園
管理事務所) ⊕金沢市兼六町1
⊗7:00〜18:00(10/16〜2月末日8:00
〜17:00) ⊗無休 ⊛一般320円

ひがし茶屋街
ひがしちゃやがい

提供:金沢市

紅殻格子の町家が並ぶ
風情豊かな通り
べんがらごうし

江戸〜明治期の茶屋建築が残
り、町家を利用したカフェや
ショップなどが並ぶ。金沢に残る
茶屋街のうち最大規模を誇る。

⊕金沢市東山

Model Course

JR金沢駅
徒歩15分
↓
近江町市場
徒歩8分
↓
尾山神社
徒歩10分
↓
金沢城
徒歩5分
↓
兼六園
徒歩20分
↓
ひがし茶屋街
バス10分
↓
JR金沢駅

Topics

金沢城を
眺められる
無料休憩館

金沢城公園内にある
「鶴の丸休憩館」。1
階の休憩スペースか
らは、五十間長屋や
橋爪門などをゆっく
り眺められる。館内
には食事や軽食、ス
イーツを楽しめるカ
フェも併設(11:00〜
16:00)。

26 丸岡城

北陸に唯一残る寛永期成立の天守

まるおかじょう

現存天守

戦いの備えをもった天守
江戸時代初期の築造と判明

　天正4（1576）年、一向一揆の備えとして柴田勝家の甥、勝豊が築いた城。勝豊の後は、安井氏、青山氏、本多氏、有馬氏と城主が入れ替わった。

　天守の壁は板張りに漆喰など戦国時代の城を思わせる造りだが、調査によって寛永年間（1624〜1645年）の築造と判明。現存天守12城のひとつで、北陸地方では唯一残る。二重三階の天守は、出格子窓や鉄砲を撃つための挟間などが見られる。昭和23（1948）年の福井大地震で天守は倒壊したが、昭和30（1955）年に倒壊前の部材を70％以上利用して再建。現在は国の重要文化財に指定されている。

　城内には、「一筆啓上　火の用心　お仙泣かすな　馬肥やせ」の碑が立っている。徳川家康の家臣・本多作左衛門重次が天正3（1575）年の長篠の戦いの最中、妻に送ったといわれる手紙だが、ここに登場する「お仙」が、のちに初代丸岡藩主になる本多成重（幼名・仙千代）だった。

千田嘉博のひとこと解説
天守が寛永年間の建設と判明。ほとんどの堀と曲輪を失って、本丸だけになっている。

1

2

DATA	別名	霞ヶ城	TEL	0776・66・0303（丸岡城管理事務所）
	所在地	福井県坂井市丸岡町霞町1-59	料金	天守・丸岡歴史民俗資料館・一筆啓上 日本一短い手紙の館共通券450円
	築城年	天正4(1576)年	見学時間	8:30〜17:00(最終入館16:30)
	築城者	柴田勝豊	休み	なし
	形式	平山城	アクセス	JR「芦原温泉」駅からバスにて約20分、バス停「丸岡城」からすぐ

御城印情報

重要文化財
丸岡城

丸岡城券売所で販売。300円。

3

4

1.現在は天守のみだが、往時は本丸や二の丸、三の丸があり、五角形の内堀が巡っていた。2.桜の見頃は3月下旬〜4月中旬。3.紅葉の見頃は11月中旬。新そばと合わせて楽しみたい。4.ライトアップ時にはプロジェクションマッピングも（観覧無料）。

眼下に広がる
丸岡の街並みを
天守から

天守 てんしゅ

急傾斜の階段を上り
最上階で眺望を楽しむ

明治時代初期に天守以外を民間に払い下げたため、現在残る建物は二層三階の天守のみ。天守の内部は見学可能で、最上階からは丸岡の街並みを一望できる。四方の窓は常時開放。

急傾斜の階段がある。1階から2階部分は65度、2階から3階部分が67度。階段の両側に登り綱が付いている。

石垣・出格子窓 いしがき・でごうしまど

天守は質実剛健な造り

天守台の石垣は野面積みで、高さ約6.2m。天守南側では、墓石と思われる転用石も見られる。1階の壁には出格子窓や狭間（鉄砲穴）があり、狭間はさまざまな形、大きさのものを設けている。

石瓦 いしがわら

瓦には地元の名石を使用

屋根は石瓦を用いている。約6000枚ある瓦のうち約2割が、足羽山の山麓から切り出した凝灰岩「笏谷石」。美しい色合いと加工のしやすさなどから、越前の名石として知られている。天守の2・3階から見られる。

旅情を味わうモデルコース

町の中心に建つ丸岡城。城周辺を歩きながら
丸岡の歴史・文化を五感で体感しよう

Model Course

JR芦原温泉駅

↓ バス20分

丸岡城

↓ 徒歩すぐ

丸岡歴史民俗資料館

↓ 徒歩すぐ

一筆啓上茶屋

↓ 徒歩5分

城小屋マルコ

↓ バス7分＋
　徒歩20分

久保田酒造

↓ 徒歩20分＋
　バス15分

JR芦原温泉駅

丸岡歴史民俗資料館

まるおかれきしみんぞくしりょうかん

丸岡城の歴史に
関する資料を展示

2階では丸岡城について紹介。徒歩3分の場所にある「一筆啓上 日本一短い手紙の館」と合わせて立ち寄ろう。

☎0776・66・0303 🏢坂井市丸岡町霞町4-12 🕐8:30〜17:00（最終入館16:30）🏠12/29〜1/3 💰一般450円（共通券）

一筆啓上茶屋

いっぴつけいじょうちゃや

ランチは名物の
越前おろしそばを

丸岡産の玄そばを使って手打ちした越前おろしそば、丸岡産米粉を使ったソフトクリームなどが人気。物産店もある。

☎0776・66・5880 🏢坂井市丸岡町霞町3-1-3 🕐9:00〜18:00（そば処は10:30〜17:00、火は〜14:00）🏠年末年始

城小屋マルコ

しろこやまるこ

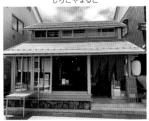

城の本も読める
城ファン憩いの場

地元ゆかりのドリンクやスイーツ、軽食のほか、オリジナルグッズも販売。城に関する約600冊の蔵書を自由に読める。

☎0776・65・9912 🏢坂井市丸岡町霞町1-25 🕐8:00〜17:30 🏠月

久保田酒造

くぼたしゅぞう

丸岡で約260年続く
老舗の酒蔵

宝暦3（1753）年創業。自社栽培の米、地下水で造るこだわりの日本酒は種類豊富。酒蔵見学もできる（300円、要予約）。

☎0776・66・0123 🏢坂井市丸岡町山久保27-45 🕐8:00〜17:30 🏠不定休、12/29〜1/3

Topics

日本海に向けて
造られた
「丸岡藩砲台跡」

丸岡藩が海岸警備のために築いた砲台跡。土塁と砲眼が残り、当時の形をよくとどめている。越前松島など美しい海岸線も楽しめる。坂井市三国町梶。芦原温泉駅からバスで約30分、「梶浦」下車。

27

栄枯盛衰の歴史を今に伝える朝倉氏の城下町

一乗谷

いちじょうだに

出土遺物などに基づいて城下町を立体復元した町並

千田嘉博のひとこと解説

国の特別史跡として大規模な整備を行い、戦国時代の暮らしを体感できる。朝倉館背後の一乗城山には巨大な山城跡が残る。

朝倉義景、織田信長、明智光秀
英雄たちが駆け抜けた地

　朝倉氏の詰城であった一乗谷城は、一乗城山の頂上にあり、山麓には城下が広がっていた。当時は「北ノ京」と呼ばれるほどに栄えていたという。一乗谷城は16世紀頃の遺構が残り、畝状空堀群を大規模に巡らした。朝倉義景は越前一国を治め、近江の浅倉氏と連携して織田信長と対立。天正元（1573）年の戦

いで信長軍に敗れた義景は自害して朝倉氏は滅亡した。一乗谷は同3（1575）年に北ノ庄（福井市）に移転した。時代は下って昭和42（1967）年、城下町の遺構が発掘され、4年後には山城を含む谷筋の戦国城下町の主要部が特別史跡に指定された。現在は、朝倉氏時代の城下町を全国屈指の広さで史跡整備している。

DATA					
	別名	朝倉館	TEL	0776・41・2330(朝倉氏遺跡保存協会)	
	所在地	福井県福井市城戸ノ内町 ほか	料金	復原町並290円(〜2021年9/30)、330円(2021年10/1〜)	
	築城年	15世紀頃			
	築城者	朝倉氏	見学時間	復原町並9:00〜17:00(最終入場16:30)	
	形式	山城	休み	なし(復原町並は年末年始)	
			アクセス	JR「一乗谷」駅から徒歩約25分	

1

3

Topics

散策前に「福井県立一乗谷朝倉氏遺跡資料館」へ

一乗谷朝倉氏遺跡で見つかった貴重な資料を収蔵・展示。2022年10月に新博物館が開館予定。資料館は2021年9月から休館予定。福井市安波賀町4-10。

1.朝倉氏の義景館跡。館の敷地面積は約6400㎡あった。ふもとから見える標高475mの一乗城山山頂に山城を築いていた。2.武家屋敷や町屋を広く平面表示している。3.諏訪館跡庭園など、遺跡内の4つの庭園が国の特別名勝に指定されている。

おすすめ立ち寄りスポット

青木蘭麝堂
あおきらんじゃどう

自家産の越前東郷米と十数種類の薬味で造る「蘭麝酒」は朝倉家ゆかりの健康酒。福井市脇三ケ町25-19。

道の駅 一乗谷あさくら水の駅
みちのえき いちじょうだにあさくらみずのえき

三連水車がシンボル。越前おろしそばやソースカツ丼など福井名物を味わえる。福井市安波賀中島町1-1-1。

28 越前大野城

信長の馬廻りを務めた金森長近が亀山に築城

えちぜんおおのじょう

約1km離れた犬山城址で城と雲海を眺められる

千田嘉博のひとこと解説
現在の天守は本来のものとは姿がまったく異なり、本来は御殿と天守が融合したものが立っていた。

風情あふれる北陸の小京都
越前大野の城と城下を歩く

織田信長は大野郡を平定した恩賞として、金森長近に同郡の3分の2の領土を与えた。その後、天正8(1580)年頃に、長近が亀山の頂上に平山城を築いたのが始まり。

城主の長近はのちに飛騨高山や美濃国内に領地替えとなり、越前大野城主は次々と替わった。江戸時代以降は松平氏や土井氏が城主を務め、明治に至る。

現在の天守は昭和43(1968)年に史実と異なる姿に復元したもので、二重三階の大天守と二重二階の小天守がある。野面積みの石垣は福井県指定文化財。雲海に包まれる「天空の城」として人気だが、幻想的なその姿は、秋から冬にかけ、年に10回程度しか見られない。

DATA					
	別名	亀山城		TEL	0779・66・0234
	所在地	福井県大野市城町3-109		料金	300円
	築城年	天正8(1580)年頃		見学時間	9:00〜17:00(10・11月は〜16:00、最終入館は閉館30分前)※早朝開館あり
	築城者	金森長近		休み	12/1〜3/31
	形式	平山城		アクセス	JR「越前大野」駅からバスにて約3分、バス停「大野六間」から徒歩約12分

2

御城印情報

越前大野城、入館券販売窓口で販売。300円。雲と城の2種。

1

3

1. 標高249mの亀山にある。復興天守閣の内部には歴代城主に関する史料を展示。2. 天守への登り口の石垣「武者登り」。廃藩置県で建物を取り壊し、石垣のみが残った。3. 登城路は4カ所あり、天守まで徒歩約20分。約300本のソメイヨシノを植えた桜の名所としても知られる。

Topics

水のまち・大野に湧き出る「御清水」

大野には湧水地が点在。殿様清水とも呼ばれる「御清水（おしょうず）」は、名水百選に選ばれている。大野はそばの産地でもあり、名水で打つそばも合わせてぜひ。

おすすめ立ち寄りスポット

寺町通り てらまちどおり

金森長近の城下町づくりの一環として造られた寺町。20社ほどの寺社が連なる、昔ながらの町並み。

七間朝市 しちけんあさいち

越前大野城の程近く、七間朝市通りに農産物などが並ぶ。7:00〜11:00開催（1月〜春分の日前日は休み）。

29

武田氏三代が約60年にわたり拠点にした

武田氏館

たけだしやかた

大正8(1919)年に創建された武田神社

千田嘉博のひとこと解説
武田信玄の本拠。守護館に特徴的な方形居館だった。

「躑躅が崎館」で知られる
戦国大名の貴重な居館跡

　武田信玄の父・信虎が、躑躅が崎に館を移したことに始まる。同時に、城下を発展させるなど、甲府の礎を築いた。初期の館は主郭のみだったが、信玄や勝頼の時代に曲輪を増設し、勢力の拡大とともに館の拡充が進んだ。武田氏滅亡後は、織田氏、徳川氏、豊臣氏が入り、甲斐国の統治拠点として利用。秀吉の家臣、

加藤光泰が大規模に改修し、天守や梅翁曲輪などを築いた。その後、甲府城の築城に伴い廃城。

　現在は、主郭があった場所に武田神社が建つ。館跡には土塁や馬出し、枡形などが残り、戦国大名の居館を伝える貴重な遺跡として、昭和13(1938)年に国の史跡に指定された。

DATA				
別名	躑躅ヶ崎館	TEL	055・223・7324（甲府市歴史文化財課）	
所在地	山梨県甲府市古府中町2611	料金	無料	
築城年	永正16(1519)年	見学時間	見学自由	
築城者	武田信虎	休み	なし	
形式	平城	アクセス	JR「甲府」駅からバスにて約10分、バス停「武田神社」からすぐ	

武田氏館跡歴史館で希望者に配布（特別展示室に利用者に限る）。

2

1　3

Topics

武田三代を学べる「武田氏館跡歴史館」

武田氏館の見どころなどを紹介。特別展示室では発掘調査の出土品を展示している。国登録有形文化財「旧堀田古城園」も見学できる。甲府市大手3-1-14。

1.天守石垣は武田氏滅亡後の豊臣政権時代に築いたもの。2.大手口付近。武田氏の築城術の特徴である丸馬出しの遺構を確認。豊臣政権時代に石垣の角馬出しに改造していた。3.枡形が残る。石垣は武田氏滅亡後に築いたもの。

おすすめ立ち寄りスポット

甲斐善光寺 かいぜんこうじ

永禄元(1558)年に信玄が創建。木造の本堂は東日本最大級の規模を誇る。甲府市善光寺3-36-1。

湯村温泉郷 ゆむらおんせんきょう

開湯1200年。信玄が傷を癒やしたともいわれる温泉。10軒ほどの宿がある。甲府駅からバスで約15分。

30 甲府城

武田氏滅亡後、家康の甲斐国支配の拠点となった

こうふじょう

復元した稲荷櫓。江戸時代には7棟の櫓があった

千田嘉博のひとこと解説
石垣を重ねた城。近年整備が
進んでいる。

徳川家康の天下統一後は
幕府防衛の重要拠点に

　武田氏の滅亡後、徳川家康の指示で甲府城の築城を計画したが、その後、家康が関東移封となり、羽柴秀勝、加藤光泰の入府を経て、次の浅野長政・幸長父子の時代に完成したと考えられている。20ヘクタールもの広さをもつ戦国の城であった。家康が幕府を開いたのちは、一転して、幕府防衛の拠点として、徳川家

一門、あるいは柳沢吉保ら幕府の重臣が城主を務めた。典型的な織豊系城郭であったが、享保年間には火災によって建物の多くが焼失。明治維新後に廃城となった。各時代の石垣などが残る城域の主要部は現在、国史跡になっている。平成16(2004)年に稲荷櫓、その3年後に山手御門を復元した。

DATA				
別名	甲斐府中城	TEL	055・227・6179(舞鶴城公園管理事務所)	
所在地	山梨県甲府市丸の内1	料金	無料	
築城年	天正~慶長5(1600)年	見学時間	稲荷櫓・鉄門(櫓)9:00~16:30(最終入場16:00)	
築城者	浅野長政	休み	稲荷櫓・鉄門(櫓)は月(祝日は開館)、祝日の翌日、12/29~1/3	
形式	平山城	アクセス	JR「甲府」駅から徒歩約5分	

1

2

3

御城印情報

甲府市観光案内所で販売。300円。

1.本丸南側にある鉄門は2階建ての櫓門。内松陰門や鍛冶曲輪門も復元している。2.天守台の石垣。天守台からは甲府市街や富士山を望める。3.甲府城の石垣は切り出した石を積んだ打ち込みハギの石垣。鍛冶曲輪広場などには石切場跡もある。

Topics

防災新館地下にある「甲府城石垣展示室」

甲府城向かいにある山梨防災新館地下1階では、発掘調査で見つけた甲府城の石垣を展示。石垣調査の概要なども解説している。甲府市丸の内1-6-1。

おすすめ立ち寄りスポット

甲州夢小路
こうしゅうゆめこうじ

かつての甲府の街並みを再現。飲食店や土産店、アクセサリーショップなどがある。甲府駅北口に隣接。

甲州ほうとう小作 甲府駅前店
こうしゅうほうとうこさく こうふえきまえてん

山梨の郷土料理「ほうとう」の専門店。かぼちゃほうとうなど10種類以上を提供。甲府市丸の内1-7-2。

31

現存天守12城の中で最古級の国宝建造物

松本城

まつもとじょう

国　宝
現存天守

精悍さ際立つ平城
実戦的な造りに注目

　松本城の天守の壁は上部が白漆喰仕上げ、下部が黒漆塗りの下見板張り。その装いは甲冑にも似て、機能美の結晶ともいえる。五重六階の大天守と乾小天守、そして渡櫓は戦国時代末期の築造。辰巳附櫓と月見櫓は江戸時代初期に増築された。この当時、漆喰壁は雨で崩れる恐れがあったため、下部を板張りにすることが多かった。

　信濃支配の甲斐の国を治めていた武田信玄は深志城を拠点にしていた。武田氏滅亡後に深志は松本と改められ、天下人であった豊臣秀吉の命により石川数正が松本に入って築城が始まった。深志城を何らかの形で利用したと推測される。大天守が完成したのは、石川数正の息子・康長の時代であった。

　天守完成から幕末まで、松本城主は6家23人にも及ぶ。ちなみに大天守を築いた石川家は関ヶ原の戦いの13年後に、改易・御家断絶になっている。

　堀越しに望む天守群が一番のビューポイント。写真を撮るなら午前中がおすすめだ。

松本城管理課提供

千田嘉博のひとこと解説

国宝天守が美しい名城。多くの馬出しを備え、若宮八幡跡はそうした馬出しのひとつだった。近年は外堀の復元など、整備が進んでいる。

1

2

DATA	別名	深志城	TEL	0263・32・2902
	所在地	長野県松本市丸の内4-1	料金	700円
	築城年	文禄2〜3(1593〜94)年	見学時間	8:30〜17:00(最終入場16:30、季節により異なる)
	築城者	小笠原貞朝、石川数正・康長	休み	12/29〜31
	形式	平城	アクセス	JR「松本」駅から周遊バスにて約10分、バス停「松本城・市役所前」から徒歩すぐ

3

4

1.春は北アルプスの残雪を
背景に松本城を望める。山
並みや内堀と一緒に写真に
収めたい。2.3月下旬〜4月
中旬に桜の見頃を迎える。
3.紅葉は10月下旬〜11月中
旬。この時期だけのコントラ
ストも見事。4.ライトアップ
は日没〜22時。

**戦国期と江戸期築の
5棟で形成された
連結複合式天守**

五重六階の大天守と三重四階の乾小天守を渡櫓で連結し、辰巳附櫓と月見櫓を複合。大天守の階段の最大傾斜角は61度。

石落とし いしおとし

鉄砲戦の戦いに備えて設けた

天守・乾小天守・渡櫓の各1階に石落としが計11カ所ある。壁の一部に蓋を付け、内部から攻撃できるようにした。天守1・2階の壁の厚さは約29cmで、火縄銃の弾丸を通さない工夫を施している。弓や鉄砲を放つための小窓「鉄砲狭間・矢狭間」も計115カ所設置。

下見板 したみいた

壁の下部に黒漆塗り

天守の壁を守るために設けた下見板。耐久性に優れている黒漆を塗ることで、雨や雪で傷むのを防いだ。現在も地元の漆職人により、毎年塗り替えが行われている。

石垣 いしがき

天守に用いた石垣

天守・乾小天守・渡櫓の石垣は、自然の石の野面積みと石を荒割りした打ち込みハギの石垣を積んだ。太鼓門には松本城最大の石「玄蕃石」がある。

旅情を味わうモデルコース

松本城の周辺には文化財や古くからの街並みが。
信州そばやおやきなど、名物グルメも楽しみたい

Model Course

JR松本駅

↓ バス10分

松本城

↓ 徒歩4分

そば庄 松本城店

↓ 徒歩10分

WABI×SABI 青翰堂店

↓ 徒歩4分

中町通り

↓ 徒歩15分

あがたの森公園

↓ 徒歩25分

JR松本駅

そば庄 松本城店

そばしょう まつもとじょうてん

松本城のすぐそばで
地元の味覚を堪能

厳選したソバの実を自家製粉した二八そばをはじめ、山賊焼きや信州サーモンなどを味わえる。おやきも販売している。

☎ 0263・36・3003 ⊕ 松本市城西2-3-11 🕐 11:00〜18:00 ⑭ 不定休

WABI×SABI 青翰堂店

わびさび せいかんどうてん

三層天守の外観が
目を引く雑貨店

松本城前大名町通りにあり、松本城をモチーフにしたアイテムや木曽漆器など、お土産にぴったりの品々が並ぶ。

☎ なし ⊕ 松本市大手3-5-13 🕐 11:00〜17:00 ⑭ 不定休

中町通り

なかまちどおり

なまこ壁の土蔵が
立ち並ぶレトロな通り

江戸〜大正時代の蔵造りの建物が軒を連ね、防火のために施されたなまこ壁が残る。現在は、工芸品店や飲食店など多彩な店が並ぶ観光商店街。

☎ 0263・36・1421（中町商店街振興組合）⊕ 松本市中央

あがたの森公園

あがたのもりこうえん

ヒマラヤ杉に囲まれた
憩いのスポット

ヒマラヤ杉やケヤキなど、豊かな自然に囲まれた公園。園内には、池を配した日本庭園や大正時代に建てられた旧制松本高校の校舎などがある。

⊕ 松本市県3-2102-15

Topics

松本の奥座敷
「浅間温泉」で
リフレッシュ

1300年以上の歴史をもつ古湯で、江戸時代には城主の御殿湯が設けられていた浅間温泉。温泉街にはさまざまなタイプの旅館・ホテル、日帰り温泉施設などが集まっている。松本駅からバスで25分。

32

戦国時代末期に築かれた真田氏の城

上田城

うえだじょう

上田市マルチメディア情報センター提供

復元した東虎口櫓門

千田嘉博のひとこと解説

千曲川（ちくまがわ）に面した断崖「尼ヶ淵（あまがふち）」に築いた城。徳川の猛攻を2度撃退した不落の城。

戦国の名将・真田氏の居城
関ヶ原で敗れて一担廃城に

戦国時代末期、真田氏の領主であった真田昌幸が天正11（1583）年に築城。同13（1585）年には概ね完成した。以来、真田氏は上田を拠点とした。

関ヶ原の戦いでは真田昌幸と次男の信繁が西軍（石田方）に、長男の信之は東軍（徳川方）に分かれて戦った。石田方の敗戦後、上田城は仕置きとして廃城になった。その後の信繁の人生は、小説や映画などで知る人も多いだろう。

徳川家康が天下統一を果たしたのち、上田城は仙石氏が復興し、その後は松平氏の居城となった。現在は石垣や土塁などが残るほか、整備した隅櫓や櫓門があり、史跡上田城跡して地元の人々に親しまれている。

DATA	別名	尼ヶ淵城	TEL	0268・23・5408（上田市商工観光部観光課）
	所在地	長野県上田市二の丸6263番地イ	料金	無料（上田市立博物館・上田城櫓門は各300円、共通券500円）
	築城年	天正11（1583）年	見学時間	見学自由（博物館・櫓門8:30〜17:00、最終入館16:30）
	築城者	真田昌幸	休み	博物館・櫓門は水、祝日の翌日、年末年始
	形式	平城		（4・8月は無休、櫓門は12〜2月は休館、3月は最終土日のみ開館）

アクセス　JR「上田」駅から徒歩約12分

御城印情報

眞田神社で販売。季節、年ごとにデザインが異なる。300円。

1

3

Topics

真田三代の時代背景を学べる「上田市立博物館」

二の丸跡に建つ上田市立博物館では歴代の上田藩主である真田氏、仙石氏、松平氏の甲冑を展示。別館のVRシアターでは、最新映像技術で再現した上田城を見ることができる。

1. 江戸時代から現存している西櫓。寛永3〜5（1626〜1628）年に仙石氏が立てたもの。2. 尼ヶ淵から見た上田城。石垣や土塁が見える。3. 「真田石」と呼ぶ、高さ約2.5m、横約3mの大きな鏡石。仙石氏時代のもので真田氏は関係ない。

おすすめ立ち寄りスポット

眞田神社 さなだじんじゃ

上田城本丸跡に鎮座し、勝運のご利益があるといわれる。境内には大井戸跡「眞田井戸」などがある。

柳町 やなぎまち

老舗の酒蔵や味噌蔵、そば店などが並ぶ。昔の建物を利用したカフェやベーカリーも人気。上田城から徒歩約10分。

33 松代城

信玄が川中島決戦の拠点とした海津城がルーツ

まつしろじょう

本丸南側の大手口に復元した太鼓門

戦国時代に築いた平城
江戸期は真田家が城主に

　武田信玄が山本勘助に命じて築城した海津城が前身と伝わる。

かんすけ
かいづじょう

　関ヶ原の戦いで真田昌幸と次男の信繁は石田方、長男の信之は徳川方に分かれて戦ったが、その戦略が功を奏し、真田家は断絶を免れた。

　長男・信之は徳川幕府誕生後、故郷の上田城主に任ぜられたが、元和8（1622）年に松代へ転封となり、海津城を居城として藩政を行った。

　松代城と名を改めたのは、真田家三代藩主・幸道の時代。江戸時代半ばに御殿は本丸から三の丸にあたる花の丸に移った。現在は本丸の太鼓門と北不明門、土塁などを復元し、今後は丸馬出しを復元する計画が進んでいる。

きたあかず

DATA	別名	海津城
	所在地	長野県長野市松代町松代44
	築城年	永禄3(1560)年頃
	築城者	武田信玄
	形式	平城

	TEL	026・278・2801(松代文化施設等管理事務所)
	料金	無料
	見学時間	9:00～17:00(11～3月は～16:30、最終入場は閉場30分前)
	休み	年末年始
	アクセス	JR「長野」駅からバスにて約30分、バス停「松代駅」から徒歩約5分

御城印情報

信州真田十万石 登城記念 松代城 令和 年 月 日 日本百名城

信州松代観光協会で販売。300円。

1

2　　　　3

Topics

真田氏の文化財を多数収蔵する「真田宝物館」

数万点の史・資料を収蔵し、真田家伝来の文化財を展示している。真田邸や文武学校、象山記念館、旧横田家住宅との共通入館券もある。長野市松代町松代4-1。

1. 復元した二の丸土塁。江戸時代には真田家十代にわたる10万石の城下町として栄えた。2. 石垣や堀なども修復・復元している。写真は本丸戌亥(いぬい)隅櫓台の石垣。3. 本丸北側の搦手(からめて)口の北不明門。千曲川に出入りした櫓門を復元した。

おすすめ立ち寄りスポット

真田邸 さなだてい

松代藩九代藩主・真田幸教が築いた住居。解体修理を経て幕末期の御殿と庭がよみがえった。長野市松代町松代1。

ながの観光コンベンションビューロー提供

食いしん坊 かじや くいしんぼう かじや

松代の名物・長芋料理を味わえる。ランチの御膳が人気(ランチ11:30～14:00)。長野市松代町松代鍛冶町955。

34 小諸城

戦国時代に攻防を繰り広げた戦乱の城

こもろじょう

三の門。慶長期〜元和期に創建、明和2〜3（1765〜1766）年に再建した

千田嘉博のひとこと解説
自然の断崖を活用した城。古式の石垣がよく残る。

徳川秀忠が陣を敷き
上田城の真田軍と対峙

　長享元（1487）年に大井光忠が小諸城の前身である鍋蓋城を築き、天文23（1554）年に武田信玄の命を受けた重臣が城郭を整備した。これが小諸城の原型であった。

　戦国時代には武田、北条、上杉、徳川、真田が小諸の争奪戦を繰り広げたが、豊臣秀吉の天下統一後に、秀吉家臣の仙石秀久が小諸5万石の城主になった。秀吉没後、関ヶ原合戦時には徳川秀忠の軍が小諸城に入り、上田城の真田昌幸・幸村を攻めたが、上田城を落とすことはできず、関ヶ原の戦いに遅れてしまった。しかし、秀久は徳川幕府成立後も藩主を務め、現在も残る大手門など城郭の整備を行った。

DATA	別名	酔月城	TEL	0267・22・0296(小諸市懐古園事務所)
	所在地	長野県小諸市丁311	料金	散策券300円
	築城年	長享元(1487)年、天文23(1554)年	見学時間	9:00～17:00
	築城者	大井光忠、武田信玄	休み	12/29～1/3、12月～3月中旬の水
	形式	平山城	アクセス	JR「小諸」駅から徒歩約3分

2

1　3

1. 仙石秀久が立てた大手門。平成に修理した。2. 3. 徳川秀忠が入城した二の丸。秀久が築いた本丸石垣。算木積みがよく観察できる。天守は寛永3(1626)年に落雷で焼失。城跡周辺には美術館や記念館などが立つ。

Topics

本丸跡に鎮座する「懐古神社」

廃藩置県で小諸城は廃城。城の荒廃を憂えた小諸藩の元藩士らは資金を集めて城内を買い取り、本丸跡に懐古神社を建立。山本勘助が愛用したと伝わる鏡石がある。

おすすめ立ち寄りスポット

脇本陣の宿・粂屋 わきほんじんのやど・くめや

江戸時代後期に建てられた脇本陣を利用。抹茶を楽しめる茶屋もある（茶屋は冬季休業）。小諸市市町1-2-24。

光岳寺 こうがくじ

古くからの建物や寺社仏閣が残る北国街道に建つ。山門は小諸城の足柄門を移築したもの。小諸市荒町1-3-4。

信濃侵攻の関門、伊那谷を守る平山城

35 高遠城

たかとおじょう

約1500本のタカトオコヒガンザクラを植樹。見頃は4月上〜中旬

千田嘉博のひとこと解説

馬出しを巧みに用いた土の城。土塁、空堀、切岸がよく見られ、中心部は現在もよく残っている。

戦国武将・武田氏の居城を江戸時代初期に大改修

戦国の武将・武田信玄が、信濃侵攻の足掛かりとして手に入れた城。もともとは南北朝時代から続く高遠氏の居城だったが、築城年代は不明。天文16（1547）年に大改修を施して、武田軍の拠点とした。信玄没後は、織田勢に攻め込まれ、五男の仁科盛信が城主として奮戦。敵の大将である織田信長の嫡男・信忠と壮絶な戦いを繰り広げ、落城した。

現在の城跡は、灰燼に帰した高遠城を江戸時代初期に大改修したのちのもの。戦国時代の城とは異なり、本丸に天守はなく、政務を行う御殿などを設けていたという。土塁や堀などが、当時の面影を伝える。「天下第一の桜」とも称される桜の名所でもある。

DATA	別名	兜山城	TEL	0265・94・2556（伊那市高遠商工観光課）
	所在地	長野県伊那市高遠町東高遠	料金	無料（桜開花期間は500円）
	築城年	不明	見学時間	見学自由
	築城者	不明	休み	なし
	形式	平山城	アクセス	JR「伊那市」駅からバスにて約25分、バス停「高遠駅」から徒歩約30分

手書き御城印は環屋で土日のみ販売。500円。伊那市高遠町西高遠184。

2

1　3

1. 内堀に架かる桜雲橋（おううんきょう）。本丸周りの南曲輪、笹曲輪、勘助曲輪などが馬出しになっていた。本丸には平屋の御殿があり、幕末には2階を増築していたという。2. 廃城後、三の丸に移築された旧大手門。3. 大手門跡に残る石垣は高遠城に残る唯一のもの。

Topics

高遠藩主・内藤頼直が創設した「進徳館」

高遠城三の丸に建つ進徳館は、万延元（1860）年に開かれた藩校。城内に唯一残る江戸時代の建物で、外観を見学できる。8:30〜17:00見学可。

おすすめ立ち寄りスポット

伊那市立高遠町歴史博物館

いなしりつたかとおまちれきしはくぶつかん

高遠城の歴史を学べる。大奥から高遠藩に流された絵島の囲み屋敷の復元も。伊那市高遠町東高遠457。

伊那市教育委員会提供

高遠そば 入野家

たかとおそば いりのや

辛味大根の搾り汁に焼き味噌を溶かして味わう昔ながらの「高遠そば」を提供。伊那市高遠町西高遠1632。

徳川家康が大御所政治の拠点とした

36 駿府城

すんぷじょう

駿府城公園ランドマーク共同事業体提供

発掘調査や復元整備が進む
天下普請で大改修した城

建武4(1337)年頃、今川氏が駿河城周辺に館を構えたと伝わる。徳川家康は、天文18(1549)年から12年間にわたり、今川氏の人質として駿府で暮らした。天正10(1582)年、家康は武田勢を下して駿河を領国に。同13(1585)年に駿府城の築城を開始し、同17(1589)年には大・小天守を立てた。その後、家康は豊臣秀吉の命で関東に国替えとなり、豊臣方の中村一氏が駿府城の城主となった。

慶長10(1605)年、将軍職を秀忠に譲り大御所となった家康は、再び駿府に戻り、天下普請によって駿府城の大拡張に着手。同13(1608)年に本丸御殿、同15(1610)年に改めて天守を完成させた。当時の大天守は、五重(六重)七階という大御所政治の拠点にふさわしい建物だったという。建物は焼失や明治以降の破壊で残っておらず、主な遺構は石垣や堀など。平成に入り、二ノ丸東御門・巽櫓、坤櫓を復元した。現在は本丸天守台周辺の発掘調査が進んでいる。

千田嘉博のひとこと解説

徳川家康が築いた天正期の大天守台・小天守台の石垣が発掘された。この石垣を中村一氏のものとするのは完全な間違い。

1

2

DATA	別名	府中城、静岡城	TEL	054・251・0016
	所在地	静岡県静岡市葵区駿府城公園1-1		(駿府城公園二ノ丸施設管理事務所)
	築城年	天正13(1585)年	料金	駿府城公園全施設共通券360円
	築城者	徳川家康	見学時間	9:00〜16:30(最終入場16:00)
	形式	平城	休み	月(祝日・休日は営業)、12/29〜1/3
			アクセス	JR「静岡」駅から徒歩約15分

御城印情報

東御門・巽櫓、坤櫓、紅葉山庭園の各施設入場券販売窓口で販売。突板500円、和紙300円。

3

4

1.平成元(1989)年に復元した巽櫓。2.戦後、本丸、二ノ丸部分は公園にして、石垣や堀を壊した。3.四季の花々が彩る紅葉山庭園。煎茶や抹茶を味わえる立札席もある(有料)。4.大御所時代の家康公像。静岡駅前には幼年期、壮年期の家康公像もある。

本丸、二の丸は公園に。復元した門・櫓が往時の姿を伝える

東御門 ひがしごもん

寛永年間の再建時の姿によみがえった枡形門

慶長年間に立てたが、寛永12(1635)年に天守や櫓、門などを焼失し、同15(1638)年に再建した。現在の建物は、寛永年間に再建した姿を復元したもの。

東御門・巽櫓内の資料館は令和3(2021)年4月に展示内容を一新。駿府城をより詳細に解説している。

巽櫓 たつみやぐら

東御門とともに二の丸の景観を再現

二の丸の東南、辰巳の方角に位置する二重三階の隅櫓。L字形の平面で防御力を高めている。東御門と同じく寛永15(1638)年に再建したが、安政地震によって全壊。こちらも寛永年間の姿を再現している。

坤櫓 ひつじさるやぐら

未申の方角に建つ二重三階の櫓

二の丸の南西に位置する隅櫓。「駿府御城惣指図」(寛永9年〜延宝4年)などの資料をもとに復元。1階のみ見学可能だが、各階の床板や天井板が取り外されているため、櫓内部の構造を見られる。

旅情を味わうモデルコース

整備が進み、新しい話題が多い駿府城公園周辺。
歴史的なスポットとともに楽しみたい

Model Course

JR静岡駅

↓ 徒歩15分

駿府城

↓ 徒歩すぐ

発掘情報館きゃっしる

↓ 徒歩15分

静岡浅間神社

↓ 徒歩20分

六代目の和菓子 松柏堂本店

↓ 徒歩15分

浮月楼／レストラン浮殿

↓ 徒歩3分

JR静岡駅

発掘情報館きゃっしる

はっくつじょうほうかんきゃっしる

静岡市提供

天守台発掘調査の新情報をキャッチ

天守台発掘調査現場内にあり、家康が築いた天正期の天守台を間近で見られる。城の歴史や構造のほか、調査の速報も紹介。

☎054・221・1085（静岡市歴史文化課）🏠静岡市葵区駿府城公園1-1 🕐9:00～16:30（最終入館16:00）🈺12/29～1/3 ¥無料

静岡浅間神社

しずおかせんげんじんじゃ

駿河国総社として古くから信仰を集める

家康が元服式を行った神社。社殿26棟すべてが国の重要文化財に指定されており、なかでも高さ21mの大拝殿は圧巻。

☎054・245・1820 🏠静岡市葵区宮ヶ崎町102-1 🕐7:00～18:00 🈺無休 ¥無料

六代目の和菓子 松柏堂本店

ろくだいめのわがし しょうはくどうほんてん

さまざまな銘菓に出合える老舗

慶応3（1867）年創業。静岡名物の「あべ川もち」をはじめ、生クリームどら焼きや季節の和菓子など多彩に手掛ける。

☎054・252・0095 🏠静岡市葵区鷹匠2-3-7 🕐10:00～17:00 🈺水

浮月楼／レストラン浮殿

ふげつろう／れすとらんうきどの

庭園も美しい徳川慶喜の屋敷跡

現在は料亭として営業しており、食事・喫茶の利用が可能。慶喜が移り住むと同時に整備した日本庭園も楽しめる。

☎054・252・0131 🏠静岡市葵区紺屋町11-1 🕐11:00～21:00 🈺不定休

Topics

二の丸堀を遊覧する「葵舟」が運航

令和3（2021）年春から運航を開始した「葵舟」。舟に乗って復元櫓などを眺められる。土日祝を中心に運航。1周40分、大人1200円（12～2月800円）、9:00～16:30に30分間隔で出航（最終出航は季節により異なる）。

37

北条と豊臣激戦の山城を体感できる

山中城

やまなかじょう

現在は型崩れを防ぐために芝生が張られている

自然を生かした土だけの山城
復元整備した障子堀は必見

小田原に本拠を置く北条氏が、永禄年間に築いた番城。小田原城の西方防御を目的に、武田・今川領と国境を接するこの地に造った。豊臣秀吉が小田原攻めに着手した天正年間に堀や出丸などの強化を進めるも、天正18(1590)年、豊臣軍の猛攻を受けて半日で落城、廃城になった。

昭和9(1934)年、国の史跡に指定。同48(1973)年から22年間にわたって発掘調査を行い、堀や土塁、木橋など城の実態を明らかにした。現在は、山中城の代名詞といえる障子堀・畝堀を見ることができる。見学コースは、城跡一帯を巡る2時間コースと、障子堀を中心に巡る1時間コースがある。

DATA	別名	なし		TEL	055・985・2970(山中城跡案内所・売店)
	所在地	静岡県三島市山中新田		料金	無料
	築城年	1560年代		見学時間	見学自由(日中のみ)
	築城者	北条氏康		休み	なし
	形式	山城		アクセス	JR「三島」駅からバスにて約30分、バス停「山中城跡」からすぐ

御城印情報

登城記念 日本百名城 山中城 令和 年 月 日

山中城跡案内所・売店で販売。300円。

1　3

2

1. 堀の深さは9m以上あったと考えられている。赤土で滑りやすく、登りにくい構造だった。**2.**城の範囲は東西500m、南北1000m。富士山を望めるスポットとしても人気。**3.**史跡公園として一般開放されている。公園内の売店で販売している障子堀ワッフルが人気。

Topics

境内にひっそりと佇む「山中城将の墓」

三の丸跡の宗閑寺には北条氏の家臣である城将・松田康長、副将・間宮康俊らの墓と、豊臣方の墓が立つ。宗閑寺は間宮康俊の娘が父を弔うために創建した。

おすすめ立ち寄りスポット

三嶋大社　みしまたいしゃ

伊豆国一の宮として栄え、三島の地名の由来でもある。江戸時代再建の本殿などがある。三島市大宮町2-1-5。

うなぎ桜家　うなぎさくらや

安政3(1856)年の創業。うなぎ重箱をはじめ、蒲焼定食、一品料理など多彩。三島市広小路町13-2。

38

山内一豊が大改修を行った東海の名城

掛川城

かけがわじょう

樹齢300年以上の青森ヒバで復元した木造天守

千田嘉博のひとこと解説

現在の復元天守は山内一豊が築いた高知城を参考にして造ったが、天守台石垣を破壊していて問題が大きく、天守の史実性にも疑問がある。

今川氏の遠江進出から始まった戦国武将の覇権争いの地

　今川氏が遠江支配の拠点として、家臣の朝比奈泰熙に築かせた掛川古城が前身。現在の場所に掛川城を築いたのは永正9（1512）年頃である。永禄3（1560）年の桶狭間の戦いで今川義元が織田信長に討たれると、今川氏の勢力は衰退。義元の嫡男・氏真は武田氏に追われて掛川城に逃げ込むも徳川家康が攻め入り、城を明け渡した。天正18（1590）年、豊臣秀吉の命により山内一豊が入城し、城の大改修と城下町の整備に着手。天守や大手門を築いた。しかし、嘉永の大地震で建物の大半が倒壊。天守を再建しないまま廃城となった。その後、公園として整備し、平成6（1994）年、140年ぶりに木造の天守を再建した。

DATA	別名	雲霧城、松尾城	TEL	0537・22・1146
	所在地	静岡県掛川市掛川1138-24	料金	天守閣・御殿410円
	築城年	永正9(1512)年頃、天正24(1596)年	見学時間	9:00～17:00(最終入場16:30)
	築城者	朝比奈泰煕、泰能、山内一豊	休み	なし
	形式	平山城	アクセス	JR「掛川」駅から徒歩約7分

掛川城二の丸御殿受付で販売。300円。

1

2

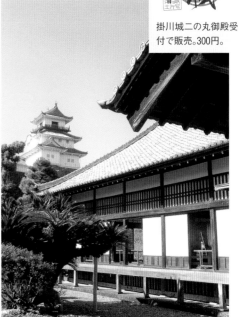

3

1. 大地震ののち、時の城主・太田資功(すけかつ)が再建した二の丸の御殿。太鼓櫓に納めていた大太鼓を展示している。
2. 「正保城絵図」をもとに復元した四足門や太鼓櫓などがある。周辺には約130本の桜の木を植樹。3. 7棟からなる掛川城御殿。約20部屋ある。

Topics

香り高い掛川茶を味わえる「二の丸茶室」

山内一豊が小夜の中山(掛川市東部)で徳川家康をお茶でもてなしたという。掛川城公園内の二の丸茶屋では、城を眺めながら掛川茶を味わえる(510円、生菓子付き)。

おすすめ立ち寄りスポット

龍華院大猷院霊屋 りゅうげいんたいゆういんおたまや

かつて掛川古城があったという龍華院。本曲輪は霊屋の位置にあったとされる。掛川市掛川1104。

掛川市提供

大手門 うおそう おおてもん うおそう

老舗の日本料理店。鮮魚店を営んでおり、魚料理に定評がある。城が見える席がある。掛川市城下8-3。

39 浜松城

家康がこの地からさまざまな戦いに出陣

はままつじょう

三層三階の復興天守。春は約330本の桜が彩る

千田嘉博のひとこと解説
徳川家康時代にさかのぼる石垣が残る貴重な城。

歴代藩主の多くが
幕府の要職に就いた「出世城」

元亀元(1570)年、徳川家康は岡崎城を長男の信康に任せ、浜松城の前身である引間城に本拠地を移した。家康は引間城の城域を西に拡張し、「浜松城」と改名。姉川の合戦や三方ヶ原の合戦、小牧・長久手の戦いなどに、この城から出陣した。家康時代に石垣の導入が始まり、天正18(1590)年、家康が関東に移り、秀吉の家臣・堀尾吉晴が入城すると、本丸に高石垣や天守などを築いた。歴代城主は、約260年の浜松藩政において25代に及ぶ。

現在の天守は、昭和33(1958)年に再建。令和3(2021)年1月、天守の内部改修が完了した。現在は、国史跡指定に向けた調査と研究を浜松市が進めている。

DATA				
別名	曳馬城、出世城	TEL	053・453・3872	
所在地	静岡県浜松市中区元城町100-2	料金	200円	
築城年	元亀元(1570)年	見学時間	8:30～16:30(最終入場は10分前)	
築城者	徳川家康	休み	12/29～31	
形式	平山城	アクセス	JR「浜松」駅からバスにて約6分、バス停「市役所南」から徒歩約5分	

御城印情報

天守閣1階売店、天守門で販売。300円。

遠鉄アシスト株式会社提供

1　3

Topics

浜松城を訪ねた後は「元城町東照宮」へ

浜松城の前身である引間城本丸跡に建つ元城町東照宮は、知る人ぞ知るパワースポット。徳川家康を祀り、「出世神社」とも呼ばれている。浜松市中区元城町111-2。

1.往時を伝える野面積みの石垣。浜名湖周辺の大草山や根本山などから切り出した石を用いた。天守内部では家康所用の具足や城に関する出土品などを展示。2.浜松城天守の右下（東側）が本丸で、大規模な堀や御殿跡が地下に残っている。3.平成26(2014)年に復元した天守門。

おすすめ立ち寄りスポット

犀ヶ崖資料館　さいががけしりょうかん

浜松城の北方約1km先、徳川家康と武田信玄が戦ったとされる犀ヶ崖にある郷土資料館。浜松市中区鹿谷町25-10。

写真は浜松市HPより

御菓子司 あおい　おんかしつかさ あおい

黒砂糖を練りこんだ大福にきな粉をまぶした「小豆餅」は浜松を代表する銘菓。浜松市東区有玉北町1593。

40

家康の意思を反映した尾張徳川家の居城

名古屋城

なごやじょう

名古屋城総合事務所提供

近世城郭完成期の築城技術を駆使して造られた城

慶長14（1609）年、徳川家康が尾張藩の拠点を清須から名古屋に移すことを決断し、築城を開始。大坂の豊臣方への備えを目的とし、天下普請によって築いた。普請に参加した大名は、加藤清正、福島正則ら西国大名を中心とした20家に及んだ。五層五階の大天守をはじめ、豪華絢爛な本丸御殿、大規模な隅櫓、庭園、金鯱など贅を尽くした造り、そして、巧妙な縄張りや高石垣、本丸周囲の馬出しなど、強固な近世城郭が完成した。

家康死後の元和2（1616）年、家康の九男・義直が尾張に入国。約260年にわたり、尾張徳川家の居城として長く栄えた。

昭和20（1945）年の空襲によって大・小天守や本丸御殿が焼失したが、3つの隅櫓や表二之門、石垣などが現在も残る。同27（1952）年、国の特別史跡に指定。同34（1959）年、天守閣を再建した（閉館中）。平成30（2018）年には、10年にわたる復元工事を経て本丸御殿の一般公開が始まった。

> **千田嘉博のひとこと解説**
>
> 徳川家康が到達した城造りの集大成が名古屋城。巧みな設計で要の役割を果たした本丸南馬出しが明治期に壊されたままになっている。

1

2

DATA	別名	金鯱城、蓬左城	TEL	052・231・1700
	所在地	愛知県名古屋市中区本丸1-1	料金	500円
	築城年	慶長20(1615)年	見学時間	9:00～16:30(本丸御殿は～16:00)
	築城者	徳川家康	休み	12/29～1/1(イベントにより変動あり)
	形式	平城	アクセス	市営地下鉄「市役所」駅から徒歩約5分

特別史蹟 名古屋城 令和元年五月一日

名古屋城正門横売店
で販売。300円。

3

4

1.金鯱は北側が雄（写真左）、
南側が雌（右）。家康の権力・
財力の象徴ともいえる。2.御
深井丸（おふけまる）にある
西北隅櫓。3.桜の時期も美
しい。3月下旬から見頃を迎
える。4.慶長17(1612)年頃
に完成した表二之門。本丸
の南側にある。

復元した本丸御殿や現存する隅櫓など見どころ豊富

本丸御殿 ほんまるごてん

寛永期の豪華絢爛な御殿を忠実に再現

慶長20(1615)年、初代藩主・義直の住居かつ尾張藩の政庁として造営。将軍を迎える御成御殿とするため、義直が住まいと政庁を二の丸に移したことにより、奥御殿などはなくなった。江戸時代の史料や写真、近代の図面をもとに復元。家光の宿泊のために造った上洛殿など、美しく復元した姿を見られる。

10年間の工事で、上洛殿のほか、表書院、対面所、湯殿書院、黒木書院を復元。天井や欄間、障壁画など華やかな内装に注目。

石垣 いしがき

外様大名20家が築いた石垣

名古屋城の石垣は、城全体で総延長8.2km。石垣造りに参加した大名たちの刻印が残っている。加藤清正が運んだといわれる鏡石「清正石」があるが、この区画の担当は黒田長政であることから、清正が運んだ石ではない。

隅櫓 すみやぐら

江戸時代から残る3つの隅櫓

慶長17(1612)年頃に立てた西南隅櫓、東南隅櫓、元和5(1619)年に立てた西北隅櫓が現存する。武器や食料の備蓄、監視などに用いた。内部は通常非公開。いずれも国の重要文化財に指定されている。

旅情を味わうモデルコース

名古屋城の鑑賞後はグルメストリートへ。
尾張徳川家の歴史を伝える名所にも立ち寄ろう

Model Course

地下鉄国際センター駅

↓ 徒歩5分

四間道

↓ 徒歩20分

名古屋城

↓ 徒歩すぐ

金シャチ横丁

↓ バス16分

徳川美術館

↓ 徒歩すぐ

徳川園

↓ 徒歩10分

JR大曽根駅

金シャチ横丁
きんしゃちよこちょう

ご当地グルメが
一堂に会する

名古屋城のすぐそばにあり、老舗が集まる「義直ゾーン」と新しい名古屋の食文化を楽しめる「宗春ゾーン」がある。

☎ 052・951・0788 ⊕ 名古屋市中区二の丸1、三の丸1 ⊕ 店舗により異なる ㉁ 12/29〜1/1

四間道
しけみち

名古屋城の築城とともに
できた城下町

防火の目的で道路幅を四間（約7m）に広げたことが名の由来といわれる。土蔵をリノベーションしたレストランなどがある。

⊕ 名古屋市西区那古野1丁目

徳川美術館
とくがわびじゅつかん

尾張徳川家に伝わる
大名道具を多数収蔵

家康の遺品を中心に尾張徳川家歴代当主の遺愛品などを1万件余り収蔵。刀剣など、国宝を含むコレクションも鑑賞できる。

☎ 052・935・6262 ⊕ 名古屋市東区徳川町1017 ㉓ 10:00〜17:00（最終入館16:30） ㉁ 月（祝日の場合は翌平日）、12月中旬〜年始 ㉒ 一般1400円

徳川園
とくがわえん

季節ごとの景色を
楽しめる日本庭園

尾張徳川家二代藩主・光友が造営。約7000坪の広さを誇り、春はボタン、夏はハナショウブ、秋は紅葉を楽しめる。

☎ 052・935・8988 ⊕ 名古屋市東区徳川町1001 ㉓ 9:30〜17:30（最終入園17:00） ㉁ 月（祝日の場合は翌平日）、12/29〜1/1 ㉒ 一般300円

Topics

城旅の宿泊は
名古屋城を
望めるホテルで

名古屋城まで徒歩5分の場所にあり、観光拠点に便利な「KKRホテル名古屋」。全客室にシモンズ製ベッドを導入。1階レストランでは、ひつまぶし膳など名古屋名物を味わえる。名古屋市中区三の丸1-5-1。

41

木曽川を見下ろす望楼型木造天守が現存

犬山城

いぬやまじょう

天守の背後を
断崖が守る堅固な城

千田嘉博のひとこと解説
中心部の西側を横堀で、東側を岩を削った垂直の壁で守った（現在は見学不可）。近年城跡が国史跡に指定された。

　天文6（1537）年、織田信長の叔父・信康が木之下城から城郭を移したのが始まりとされる。永禄7（1564）年に織田信長に攻め入られ落城、天正12（1584）年の小牧・長久手の戦いでは豊臣軍の拠点になった。元和3（1617）年、尾張徳川家の重臣・成瀬正成が入り、以降、明治期の廃城まで成瀬氏が城主を務めた。

　犬山城は北方に木曽川が流れる小高い山に築き、川に面した断崖を合わせて利用した堅固な城だった。本丸、杉の丸、樅の丸、桐の丸、松の丸が階段状に連なった中央を大手門が貫き、全体が多重の外枡形として機能した。しかし、廃藩置県で天守以外のほとんどの建物が解体され、現在、現位置に残っているのは天守のみ。天守の創建年代は諸説あり、近年の調査では文禄・慶長期に創建されたと思われる。

　天守は昭和27（1952）年、国宝に指定された。現在も江戸時代からの町割りがそのまま残っており、城下町では町家などの文化財も見学できる。

1

2

DATA				
別名	白帝城	TEL	0568・61・1711（犬山城管理事務所）	
所在地	愛知県犬山市犬山北古券65-2	料金	550円	
築城年	天文6(1537)年	見学時間	9:00〜17:00(最終入場16:30)	
築城者	織田信康	休み	12/29〜31	
形式	平山城	アクセス	名鉄「犬山」駅から徒歩約20分	

御城印情報

犬山城前観光案内所
で販売。300円。

3　　4

1.標高約85mの場所に築城。山の斜面を利用して5つの曲輪を構成した。2.約1300年もの歴史を誇る木曽川の鵜飼も見られる。3.城としての歴史的景観を取り戻すため、木の伐採を進めている。4.城下町には多彩な店が並び、食事や買い物を楽しめる。

地下から望楼まで
天守の構造を
くまなく見学できる

上段の間 じょうだんのま

床が一段高い
畳敷きの部屋

1階の中央部は4室に分かれており、うち南西にあるのが上段の間。文化年間(1804〜18)年頃に改築したと考えられている。

地下(穴蔵) ちか(あなぐら)

天守台の石垣に囲まれた空間

犬山城は天守台に天守の出入口「穴蔵」を設けており、地下では天守を支える石垣や梁などを見ることができる。天守の高さは約24m、そのうち石垣の高さは約5m。

武具の間 ぶぐのま

刀などを備えていた間

2階中央にあり、武具棚が備わる。延宝3(1675)年に付加されたものと昭和の大修理でわかった。部屋の周囲に外壁に沿って設けた通路「武者走り」が巡る。

付櫓 つけやぐら

天守を守る
2棟の付櫓

写真の櫓は天守の出入口が敵に破られることを防いだ。南東と北西に付櫓があり、北西の付櫓には石落としを設けていた。天守台の石垣は野面積みだが、昭和の修理で改変した。ほか、本丸や樅の丸、桐の丸など各曲輪にも石垣が残っている。

旅情を味わうモデルコース

犬山駅から犬山城まで城下町が続く。
個性豊かなグルメも楽しみのひとつだ

城とまちミュージアム
しろとまちみゅーじあむ

犬山城と城下町の
ガイダンス施設

成瀬家ゆかりの品を展示。江戸
時代の城下町を再現したジオ
ラマがある。IMASEN犬山から
くりミュージアムも併設。

☎0568・62・4802 ⬤犬山市犬山北古
券8 ⏰9:00〜17:00(最終入館16:30)
🈺12/29〜31 ¥一般300円

小島醸造
こじまじょうぞう

長く愛される
老舗酒蔵の銘酒

慶長2(1597)年創業。犬山城
主が将軍家に献上したと伝わ
るリキュール酒「忍冬酒」がおす
すめ。甘味があり、香り高い。

☎0568・61・0165 ⬤犬山市犬山東古
券633 ⏰10:00〜17:00 🈺不定休

五とう
ごとう

城下町で人気の
「舞妓寿司」を堪能

一口サイズの舞妓寿司は、見た
目も華やか。築100年の古民家
を利用した落ち着いた雰囲気
の店内で食事を楽しめる。

☎0568・40・1227 ⬤犬山市犬山東古
券659-2 ⏰11:30〜16:00、17:30〜
22:00 🈺不定休

旧堀部家住宅
きゅうほりべけじゅうたく

城下町に残る
大規模な武家住宅

成瀬家に仕えた堀部家が明治
期に建てた。主屋や離座敷、土
蔵、作業場などで構成され、国
の登録有形文化財。見学無料。

☎0568・90・3744 ⬤犬山市犬山南古
券272 ⏰12:00〜18:00 🈺月・火(祝日
の場合翌日)、12/28〜1/4

Model Course

名鉄犬山駅
↓ 徒歩15分
犬山城
↓ 徒歩5分
城とまちミュージアム
↓ 徒歩5分
小島醸造
↓ 徒歩2分
五とう
↓ 徒歩5分
旧堀部家住宅
↓ 徒歩10分
名鉄犬山駅

Topics

木曽川から
名城を眺める
「犬山城遊覧船」

木曽川で運航する遊
覧船もおすすめ。船上
から犬山城を眺めら
れる。乗船券は犬山
城前観光案内所(犬
山市犬山北古券12)
で販売。大人1000円、
運航時間は9:30〜
15:30(季節により異
なる)。所要約40分。

123

42

徳川家康が生まれた城

岡崎城

おかざきじょう

現在の復興天守は三層五階。内部は歴史資料館

千田嘉博のひとこと解説
土造りと石垣のハイブリッドな造りが特徴的。

西郷氏の居城を
現在の地に移して発展

　享禄4(1531)年、徳川家康の祖父、松平清康が居城として、岡崎城を築いた。家康は天文11(1542)年に岡崎城で生まれ、のちに織田信秀、今川義元の人質となったが、桶狭間の戦いで義元が敗れたことで独立した大名となって岡崎城に戻った。

　家康は織田信長と同盟を結び、三河国平定を進めた。領国時代には近世城郭として石垣を導入し、豊臣秀吉の家臣、田中吉政が城主になると城を拡張した。その後、元和3(1617)年、本多康紀が城主の時代に三層三階地下一階、井戸櫓、附櫓をもつ複合天守を立てた。天守は明治期に取り壊されたが、昭和34(1959)年に復元した。

DATA	別名	竜城・竜ヶ城	TEL	0564・22・2122
	所在地	愛知県岡崎市康生町561-1	料金	200円
	築城年	享徳元(1452)年～康正元(1455)年頃	見学時間	9:00～17:00 (最終入館16:30、桜まつり期間は延長)
	築城者	西郷頼嗣(稠頼)	休み	12/29～31
	形式	平山城	アクセス	名鉄「東岡崎」駅から徒歩約15分

2

1 3

1.2. 土造りの部分だけでなく、石垣も見て回れる。石垣には岡崎産の花崗岩を使用。刻印が残る石垣もある。3.平成5(1993)年に立てた大手門。本来の大手門の位置、意匠とは異なる。平成22(2010)年には東隅櫓を再建。岡崎公園として開放しており、飲食店などもある。

Topics

歴史博物館「三河武士のやかた家康館」

岡崎公園内にあり、家康をはじめ、三河武士たちを時代ごとに紹介している。映像コーナーや甲冑試着体験室などもある。岡崎城との共通券510円。

おすすめ立ち寄りスポット

観光みやげ店 おかざき屋

かんこうみやげてん おかざきや

岡崎城の手ぬぐいや扇子など、城に関する土産を販売。岡崎名物やオリジナル品も豊富。岡崎公園内。

カクキュー八丁味噌(八丁味噌の郷)

かくきゅーはっちょうみそ(はっちょうみそのさと)

岡崎城から西へ八丁(約870m)の八丁村(現・八帖町)で味噌を醸造。史料館や売店、食事処がある。岡崎市八帖町字往還通69。

125

43 長篠城

宇連川と豊川の合流地に築いた激戦の城

ながしのじょう

DATA

別名	なし	TEL	0536・32・0162（新城市長篠城址史跡保存館）	
所在地	愛知県新城市長篠字市場22-1	料金	無料	
築城年	永正5（1508）年	見学時間	見学自由	
築城者	菅沼元成	休み	なし	
形式	平城	アクセス	JR「長篠城」駅から徒歩8分	

武田氏と徳川氏の勢力争いの舞台

　長篠城は菅沼氏の城だったが、徳川家康が手に入れ、家臣の奥平信昌を城主に任命した。一方、古宮城は徳川氏との領地の境に武田信玄が築いた城である。天正3（1575）年の長篠の戦いで、武田信玄の後を継いだ勝頼率いる武田軍が長篠城を攻撃。城を包囲して追い込んだが、徳川軍が織田信長に援軍を求めたことで形勢が逆転した。武田軍は長篠の戦いに敗北。それに伴い、古宮城は自落した。長篠城は戦いの後に廃城となり、建物の一部は新城城や吉田城に流用されたという。長篠城主郭の北東部には巨大な土塁と堀が残っている。古宮城も、丸馬出しや両袖枡形など武田氏の城の特色がよく残る。

縄張りを体感できる武田信玄が築いた城

古宮城

ふるみやじょう

御城印情報

新城市作手歴史民俗
資料館で販売。300円。

DATA	別名	なし
	所在地	愛知県新城市作手清岳字宮山
	築城年	元亀3(1572)年頃
	築城者	武田信玄
	形式	平山城

TEL	0536・37・2188(新城市作手歴史民俗資料館)
料金	無料
見学時間	見学自由
休み	なし
アクセス	JR「新城」駅からバスで約40分、バス停「鴨ケ谷口」から徒歩2分

4

5

1. 主郭部の土塁と内堀。屈曲して横矢を掛けるようになっていた。2.本丸跡。ほか、帯郭、野牛郭、巴城郭、瓢郭、弾正郭などがあった。3.南と東を崖が守る要害堅固な城。4.古宮城の全景。丘陵全体に土塁や堀などを配置した。5.両袖枡形の土塁。枡形のかたちは山梨県の武田氏館(躑躅が崎館)と同じ。縄張り設計は馬場信春によるものと推測されている。

千田嘉博のひとこと解説

徳川方の最前線が長篠城、武田方の最前線が古宮城だった。

おすすめ立ち寄りスポット

道の駅もっくる新城 みちのえきもっくるしんしろ

フードコートやスナックコーナー、売店などがあり、地元の味覚を堪能できる。新城市八束穂五反田329-7。

道の駅つくで手作り村 みちのえきつくでてづくりむら

奥三河の新鮮野菜や加工品などが充実。手作り体験を楽しめる施設もある。新城市作手清岳字ナガラミ10-2。

Topics

戦いの地に建つ「新城市設楽原歴史資料館」

長篠の戦いの決戦場にあり、戦いに関する史料や火縄銃などを展示している。新城市竹広字信玄原552。

44 小牧山城

織田信長が初めて一から築いた城

こまきやまじょう

標高約86mの小牧山。山頂に小牧市歴史館が建つ

千田嘉博のここに注目
近年の発掘調査により信長の城の実像が見えてきた。

在城はわずか4年だが
築城当時の石垣が今も残る

桶狭間の戦いから3年後の永禄6（1563）年、信長は清須から小牧山に拠点を移し、山の南に城下町の整備を進めた。約21ヘクタールの平山城で、山頂の主郭を中心に、山中に多数の曲輪を配置していた。主郭とその周囲にのみ石垣を用いて、大名を中心とした近世城郭の求心構造は小牧山城で始まった。

現在もその姿を確認できる。同10（1567）年、信長は美濃の斎藤龍興を追放し稲葉山城（岐阜城）を手に入れ、岐阜に居城を移した。それに伴い、小牧山城は廃城。その後、小牧・長久手の戦いで織田信雄・徳川家康連合軍がここに陣城を築いた。現在は、山全体を史跡として整備している。

DATA	別名	火車輪城	TEL	0568・48・4646(小牧山城史跡情報館)
	所在地	愛知県小牧市堀の内1-1 ほか	料金	100円(中学生以下無料)
	築城年	永禄6(1563)年	見学時間	歴史館9:00〜16:30(最終入館16:15) れきしるこまき9:00〜17:00(最終入館16:30)
	築城者	織田信長	休み	第3木(祝日の場合は翌平日)、12/29〜1/3
	形式	平山城	アクセス	名鉄「小牧」駅から徒歩約20分

御城印情報

小牧山城史跡情報館、小牧市歴史館で販売。織田版、徳川版の2種、各300円。

2

3

1

Topics

発掘調査資料を見られる「小牧山城史跡情報館」(れきしるこまき)

小牧山城や城下、小牧・長久手の戦いなど、小牧山に関する歴史などを紹介している。石垣のプロジェクションマッピングも見られる。小牧市堀の内1-2。

1.大手口から山頂へ続く大手道。信長の築城時に整備された。ふもとから山頂までは徒歩15分ほど。山を登る途中、さまざまな遺構を見ることができる。2.小牧・長久手の戦いで築かれた土塁と堀(復元)。3.主郭にある築城当時の石垣。発掘調査によって大規模な段石垣が見つかった。

おすすめ立ち寄りスポット

神明社 しんめいしゃ

信長が小牧山に城を移した際、鬼門封じのために清須の御園神明を分祀したという。小牧市小牧5-153。

かな和 かなわ

小牧発祥の新鮮な雌鶏の名古屋コーチンが味わえる。石焼などの名物料理が揃う。小牧市東田中1632-1。

45 岐阜城

織田信長が天下布武の足掛かりにした

ぎふじょう

三層四階構造で、楼上は展望台

千田嘉博のひとこと解説

山頂の天守は信長時代にはなかった。また山麓に巨大な庭園があったとするのは誤り。

長良川を見下ろす
金華山山頂に築いた山城

建仁年間に鎌倉幕府執事・二階堂行政が金華山山頂に砦を築いたと伝わる。戦国時代には斎藤道三が居城として整備し、永禄10（1567）年、織田信長が城を攻略し城主となった。信長は地名を「井の口」から「岐阜」に、城の名を「稲葉山城」から「岐阜城」に改称。武力によって天下に号令するとの意志を示す「天下布武」印の使用も岐阜城から始まった。慶長5（1600）年、関ヶ原の戦いの前哨戦で、信長の孫・秀信が徳川軍に攻め入られ落城。翌年には廃城となり、天守や櫓、石垣などが加納城に移された。現在の建物は、昭和31（1956）年に再建。金華山のふもとにある岐阜公園内には、「信長公居館跡」がある。

DATA	別名	稲葉山城	料金	天守閣200円(岐阜城資料館と共通)
	所在地	岐阜県岐阜市金華山天守閣18	見学時間	天守閣9:30～17:30※季節により変動あり
	築城年	建仁年間(1201～1204年)	休み	なし
	築城者	二階堂行政	アクセス	JR「岐阜」駅からバスにて約20分、
	形式	山城		バス停「岐阜公園・歴史博物館前」下車、
	TEL	058・263・4853		ロープウェーで約3分

山麓の金華山ロープウェー売店で販売。300円。

1　3

岐阜市観光コンベンション協会提供

Topics

岐阜城周辺には歴史を学べる資料館や博物館も

岐阜城のすぐそばの岐阜城資料館(写真)では、道三・信長・光秀をイメージできる人形・衣装などを展示。ロープウェー乗り場がある岐阜公園には歴史博物館が立つ。

1.標高329mの金華山。秋～冬の早朝など気象条件が合えば雲海が現れることも。2.岐阜公園から山頂まではロープウェーで行ける(往復1100円)。山頂駅から岐阜城までは徒歩8分。3.ライトアップは日没～23時。「岐阜城にのぼる月」は日本百名月に認定されている。

おすすめ立ち寄りスポット

川原町　かわらまち

岐阜公園から徒歩約5分。昔ながらの町家を改装した飲食店や、鮎菓子や岐阜うちわなどの土産店がある。

長良川温泉　ながらがわおんせん

鵜飼で有名な長良川沿いに旅館やホテルが点在。鉄分を豊富に含む赤褐色の湯が特徴。岐阜公園から徒歩約5分。

46 岩村城

山上に築いた雛壇状の段石垣が圧巻

いわむらじょう

恵那市観光協会岩村支部提供

本丸の石段は六段積みになっていることから「六段壁」と呼ばれる

千田嘉博のひとこと解説

山の上に武家屋敷が並んだ壮大な造りだった。時代を経た石垣が見られる。重要伝統的建造物群保存地区の城下町もよく残る。

標高717m、高低差180mの地形を生かした要害堅固な城

文治元（1185）年、源頼朝の重臣・加藤景廉が遠山庄地頭に任じられ、岩村城の基礎を築いたのが始まりとされる。景廉の長男・景朝が遠山氏を称してから約380年にわたり遠山氏城主の時代が続いた。しかし、戦国時代に武田氏と織田氏の戦場となったことから城を明け渡し、その後、織田信長の叔母にあたるおつや

の方、秋山虎繁、森蘭丸、松平家乗、松平乗寿らが城主となった。おつやの方が、女城主として城を守ったのは特に名高い。

岩村城は、山城を近世城郭として継続した事例で、本丸は江戸諸藩の府城のなかでは最も高い場所とされる標高717mにあった。本丸跡へ続く登城坂があり、石垣などを見て歩ける。

DATA	別名	霧ヶ城		TEL	0573・43・3231(恵那市観光協会岩村支部)
	所在地	岐阜県恵那市岩村町城山		料金	無料(岩村歴史資料館300円)
	築城年	文治元(1185)年		見学時間	見学自由、資料館9:00〜17:00(季節により変動あり)
	築城者	加藤景廉		休み	なし、資料館は月(祝日の場合翌日)、祝日の翌日
	形式	山城		アクセス	明知鉄道「岩村」駅から登城口まで徒歩約25分、登城口から本丸まで徒歩約20分

岩村城跡

令和 年 月

日本百名城 日本三大山城

恵那市観光協会岩村支部(えなてらす、いわむら。)で販売。「岩村城跡」と「霧ヶ城」の2種。各300円。

1

2

3

1. 約4万個の石を用いた石垣は総延長1.7km。野面積みや打ち込みハギ、切り込みハキなどの石垣が見られる。17カ所の井戸があったといわれ、城主専用の霊泉「霧ヶ井」も残る。2. 藩主邸跡には復元した太鼓櫓が建つ。3. 城下と城の西南側の監視を行っていた一の門。

Topics

登城前に立ち寄りたい「岩村歴史資料館」

登城口にあり、岩村城や岩村藩に関する貴重な史料を展示。享保3年、明和3年の「岩村城絵図」、日本最古の英和辞典などを見られる。民俗資料館も併設。

おすすめ立ち寄りスポット

岩村城下町 いわむらじょうかまち

昔ながらの商家やなまこ壁が多く残る情緒ある通り。五平餅やかんから餅、カステラなどの名物を楽しめる。

農村景観日本一の地 のうそんけいかんにほんいちのち

「第7回日本のむら景観コンテスト」集落部門で農林水産大臣賞受賞。恵那市岩村町富田地区。

47

戦国時代から幕末まで苗木遠山氏が城主を務めた

苗木城

なえぎじょう

山頂に三層の天守があったという

千田嘉博のひとこと解説
巨石を利用した独特の景観。天守は断崖に張り出した「懸造」になっていた。

絶景を見渡せる天空の城
戦国の築城跡を見られる

　木曽川右岸、標高432mの山頂にあり、時には霞に包まれる天空の城のひとつ。築城したのは苗木遠山氏。戦国時代の大永年間には居城化した。苗木遠山氏は一時、城を追われたものの、関ヶ原合戦で東軍に味方し、徳川家康の命により城を取り戻すことができた。以来、明治維新まで苗木遠山氏が城主を務めた。

石高は1万521石（江戸時代中頃以降500石減）。明治の廃城令に先立って天守などの建物は失ったが、巨岩を利用したダイナミックな石垣は今も残る。昭和56（1981）年には国の史跡に指定された。かつて天守があった場所は天守の懸造構造を復元しており、素晴らしい眺めを楽しめる。

DATA	別名	赤壁城、高森城、霞ヶ城
	所在地	岐阜県中津川市苗木2799-2-2
	築城年	大永6(1526)年
	築城者	遠山一雲入道昌利
	形式	山城

TEL	0573・66・8181(苗木遠山史料館)	
料金	無料(苗木遠山史料館330円)	
見学時間	見学自由、史料館9:00〜17:00(最終入館16:30)	
休み	なし、史料館は月(祝日の場合は翌日)	
アクセス	JR「中津川」駅からバスにて約12分、バス停「苗木」から徒歩約30分	

苗木遠山史料館で販売。3種類、各300円。

2

3

1.急峻な地形を生かした山城。天守の懸造に基づいた展望台を設けている。2.天然の巨岩を利用した石垣など独特の積み方に注目。石垣は野面積み、打ち込みハギ、切り込みハギ、谷積みがあり、各時代のものを見比べられる。3.礎石や縁石が残る武器蔵。

Topics

苗木城のお土産もある「苗木遠山史料館」へ

苗木城のふもとにある苗木遠山史料館では苗木城の復元模型などを見られる。苗木城にちなんだお土産も販売。ガイドの受け付けも行う。中津川市苗木 2897-2。

おすすめ立ち寄りスポット

日本料理しろやま　にほんりょうりしろやま

苗木城下にある日本料理店で、旬の食材を盛り込んだ懐石料理を提供。予約制。中津川市苗木3741-27。

中津川宿　なかつがわじゅく

中津川宿のほかに、馬籠宿、落合宿と3つの宿場町がある中津川市。古い建物が残る。中津川市本町。

48 郡上八幡城

木造の模擬天守としては日本最古

ぐじょうはちまんじょう

天守台跡に四層五階の天守と隅櫓が再建された

千田嘉博のひとこと解説

尾根先端に立地。城背後に大堀切（尾根を切った空堀）があったが、駐車場にするために完全に壊してしまった。

古い町並みも残る郡上八幡
秋から冬の早朝には雲海も

永禄2（1559）年、東氏と遠藤氏の戦いの際に、遠藤盛数が山上に陣を置いたのが城の起源。この戦で郡上は遠藤氏の統治となった。同5（1562）年に盛数が死去し、息子の慶隆が二代目となる。天正16（1588）年、慶隆は豊臣秀吉と対立する岐阜城主・織田信孝に通じていたことから左遷され、八幡城には稲葉貞通

が入った。そこで貞通は、城の大改修を行った。しかし、関ヶ原の戦いで東軍についた慶隆が城主として再び入城。以降、遠藤氏、井上氏、金森氏、青山氏と城主が入れ替わった。

現在の天守は、昭和8（1933）年に再建したもの。木造再建城としては日本最古という。

DATA	別名	積翠城、虞城		TEL	0575・67・1819(郡上八幡産業振興公社)
	所在地	岐阜県郡上市八幡町柳町一の平659		料金	320円
	築城年	永禄2(1559)年、天正16(1588)年		見学時間	9:00～17:00(季節により変動あり、最終入館は閉館15分前)
	築城者	遠藤盛数、稲葉貞通		休み	12/20～1/10
	形式	山城→平山城		アクセス	長良川鉄道「郡上八幡」駅からバスにて約10分、バス停「城下町プラザ」から徒歩約15分

1

2

3

御城印情報

郡上八幡城入城受付で発行。通常版・金印版ともに300円。

1. 貞通が天守を建てたと伝わる。昭和57(1982)年に石垣の修理を行った。2.紅葉の見頃は11月上～中旬。紅葉のピーク時にライトアップする。3.別名「積翠城」の通り、深緑の山に包まれた夏も見事。司馬遼太郎もその美しさを称え、紀行文に綴っている。

Topics

昔ながらの建物が連なる城下町「北町」

三代城主・遠藤常友の時代に城下町を整備。職人たちが住んでいた職人町や鍛冶屋町、侍町として栄えた柳町などが残る。国の重要伝統的建造物群保存地区。

おすすめ立ち寄りスポット

お抹茶処 宗祇庵 おまっちゃどころ そうぎあん

郡上おどりをあしらったパフェなどを味わえる。夏は特製かき氷「天空の城」も登場。郡上市八幡町862-10。

渡辺染物店 わたなべそめものてん

創業約440年、伝統の藍染技法を受け継ぐ「郡上本染」の老舗。多彩な製品を販売。郡上市八幡町島谷737。

藤堂高虎が築いた高石垣がそびえる

49 伊賀上野城

いがうえのじょう

大天守は三層三階、高さ23m（基台を含めると33.3m）

豊臣方に対峙するため
藤堂高虎が大改修した城

　天正13（1585）年、豊臣政権期に大和から移った筒井定次が築城。現在の天守の位置とは違う場所に三層の天守を立てたが、寛永10（1633）年頃に倒壊した。慶長13（1608）年、宇和島、今治城主だった藤堂高虎が国替えとなり、伊賀・伊勢安濃津の城主となった。豊臣方への備えとして、城の改修に着手。本丸を西に拡張し、高さ約30mもの高石垣を巡らした。五層の天守も手掛けていたというが、竣工直前に大嵐によって倒壊。その後、天守を再建しなかったが、外郭には10棟の櫓と東西の大手門、御殿などを築いた。明治初期に建物のほとんどを取り壊したが、昭和10（1935）年に三層の木造模擬天守を建てた。

DATA	別名	白鳳城	TEL	0595・21・3148(伊賀文化産業協会)
	所在地	三重県伊賀市上野丸之内106	料金	600円
	築城年	天正13(1585)年、慶長16(1611)年	見学時間	9:00〜17:00(最終入場16:45)
	築城者	筒井定次、藤堂高虎	休み	12/29〜31
	形式	平山城	アクセス	伊賀鉄道「上野市」駅から徒歩約8分

御城印情報

伊賀上野城天守閣発券窓口で販売。200円。

1

2

3

1.藤堂高虎が築いた天守台に、現在は三層三階の大天守と二重の小天守が建つ。2.史跡上野城跡として整備されている。城をライトアップするイベントなども開催。3.打ち込みハギで築いた高石垣の全長は368m。本丸の北・西・南の三方を囲んでいた。

Topics

天守内では藤堂家の資料などを展示

武具や甲冑、調度品など、藤堂家ゆかりの品々が並ぶ。最上階には、横山大観ら46枚の色紙がはめ込まれた天井絵巻も。天守の復興を祝って寄贈されたものだ。

おすすめ立ち寄りスポット

史跡旧崇広堂 しせききゅうすうこうどう

伊勢津藩十代藩主・藤堂高兌(たかさわ)が創建。講堂や母屋、講師控室などが残る。伊賀市上野丸之内78-1。

城下町お菓子街道 じょうかまちおかしかいどう

城下町の参加店舗でクーポン5枚(700円)を購入し、おすすめの和菓子と交換しよう(1枚につき1店)。

50

織田信長、豊臣秀吉に仕えた蒲生氏郷が築城

松坂城

まつさかじょう

高石垣を見ながら散策できる

千田嘉博のひとこと解説
熊本城のような連続する外枡形が魅力。

壮大な野面積みの石垣など
多様な石垣が現在も残る

　織田信長に仕えていた蒲生氏郷は、本能寺の変ののち、豊臣秀吉に従うこととなった。天正12(1584)年、秀吉の命によって氏郷は伊勢松ヶ島に国替えとなり、新たに松坂城を築くことを計画。着工から3年後の同16(1588)年に入城した。丘陵最頂部の本丸を中心に、二ノ丸、きたい丸、隠居丸、三ノ丸を階層的

に配した構造。建物は残っていないが、壮大な石垣が往時の様子を物語っている。氏郷が築いた天守台の石垣は野面積みだが、江戸時代に修復した打ち込みハギの石垣を本丸以下に見ることができる。

　現在、史跡松坂城跡として整備が進んでおり、石垣の修理や樹木の伐採を行っている。

DATA	別名	なし
	所在地	三重県松阪市殿町1538-1
	築城年	天正16(1588)年
	築城者	蒲生氏郷
	形式	平山城

	TEL	0598・23・7771(松阪駅観光情報センター)
	料金	無料
	見学時間	見学自由
	休み	なし
	アクセス	JR・近鉄「松阪」駅から徒歩約15分

豪商のまち松阪 観光交流センター、松阪市立歴史民俗資料館、松阪駅観光情報センターで販売。伊勢和紙200円。

1　3　　　　　　　　　　松阪市提供

Topics

石畳の通りに武家屋敷が並ぶ「御城番屋敷」

松阪城を警護した紀州藩士が住んだ長屋の武家屋敷。うち一軒は内部を無料で見学可。10:00〜16:00、月曜(祝日の場合翌日)休。城の裏門跡側にある。

1.本丸には三層の天守があったと伝わる。天守に至るまで枡形が続く堅固な城だった。2.隅が算木積みの石垣。時代ごとの石垣を見られるのも松坂城跡の楽しみ。3.現在は史跡松坂城跡として整備され、松阪市立歴史民俗資料館などが建つ。

おすすめ立ち寄りスポット

豪商のまち松阪 観光交流センター

ごうしょうのまちまつさか　かんこうこうりゅうせんたー

パネルや映像などで松阪の歴史・文化を紹介。松阪肉や松阪茶、銘菓なども販売。松阪市魚町1658-3。

松阪市観光協会提供

松阪もめん手織りセンター

まつさかもめんておりせんたー

松阪もめん専門店。天然藍の先染め糸を使った縞模様が特徴で、さまざまな品が並ぶ。松阪市本町2176。

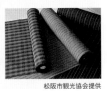

松阪市観光協会提供

旅の記念に手に入れたい 名城みやげ

城や見どころ、武将などにちなんだアイテムをピックアップ。
最近は御城印帳の種類もいろいろ。
ぜひチェックしてみてよう!

P.116 名古屋城

使うのが楽しくなる金色のクリップ

名古屋城の見どころが実用的な文房具に!

本丸御殿 金のふせん 各650円

本丸御殿をイメージした金色のふせんは、存在感抜群。表紙は障壁画や襖絵をモチーフにしている。麝香猫(ジャコウネコ)、虎、松と鳥の3種類。

金シャチ クリップス 700円

名古屋城のシンボルの金鯱をかたどったクリップ。ブックマーク代わりにも使える。1ケース約20個入り。本丸御殿 金のふせんとともに名古屋城内限定。

岐阜城 P.130

岐阜城スノードーム ペン立て 各880円

ご当地スノードームの岐阜城版。シルバーとゴールドから選べる。金華山ロープウェー売店で購入可。他の城でも販売しているので、集めるのもおすすめ。

集めたくなるご当地スノードーム

小田原城 P.68

武将扇子 各990円

7種類あるのでお気に入りの武将扇子に出会えるかも。本丸売店で販売。城・武将クリアファイルも人気がある。

歴史ファンなら武将アイテムもおすすめ!

マグネット(忍者) 440円

戦国時代に小田原北条氏を影で支えた忍者「風魔一党」にちなんだグッズも。常盤木門売店、本丸売店で販売。

壁をのぼる忍者がモチーフの人気グッズ

弘前城 P.26

特別純米酒 たか丸くんカップ
180㎖ 330円

弘前を代表する地酒「じょっぱり」のワンカップ。弘前城天守を兜にした弘前市マスコットキャラクターのたか丸くんをデザインしたラベルがご当地感たっぷり。市内の土産店、スーパー、酒店などで販売。

弘前城の天守が兜に！
ご当地キャラにも注目

上田城 P.98

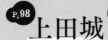
真田家ゆかりの地で
御城印とともにゲット

御城印帳 各1200円

上田城址公園内の眞田神社では、御朱印帳のほかに御城印帳も販売している。オリジナルの御城印帳はバンド付きで、赤と黒の2種類。

松本城 P.94

松本城ラベルに
心躍る地サイダー

松本サイダー
250㎖ 280円

松本市の酒造・善哉（よいかな）酒造の湧き水「女鳥羽（めとば）の泉」を使ったサイダー。ラベルに国宝松本城が描かれている。善哉酒造（松本市大手5-4-24）、松本駅前のアルピコプラザ内「松本のおみやげや」などで販売。

浜松城 P.114

御城印帳
各1500円

モダンなデザインが目を引く御城印帳。浜松城オリジナル品で、黒が「出世」、白が「栄華」。浜松城天守閣1階売店で購入可。

出世城で手に入れたい
オリジナルデザイン

郡上八幡城 P.136

収納に便利な
ポケットタイプ

御城印帳
各1800円

1枚1枚保管できるポケットタイプ。御城印だけでなく、城の入場券や写真も納められるので旅のお供に最適。黒・赤・紺のほか、金（2300円）もある。

※御城印は含まれません

監修	千田嘉博
編集・執筆	株式会社ムーブ
デザイン	高田正基、栗山早紀、青木由希子(valium design market inc.) 上城由佳
写真	尾崎篤志(東京ニュース通信社)
写真提供	関係各城郭／各市町村観光課・観光協会・教育委員会／ 関係各施設／PIXTA／フォトライブラリー／写真AC
主な参考文献	『地図で旅する! 日本の名城』千田嘉博監修(JTB パブリッシング)／『石垣の名城完全ガイド』千田嘉博編著(講談社)／『日本の城事典』千田嘉博監修(ナツメ社)／『日本100名城公式ガイドブック』公益財団法人日本城郭協会監修(ワン・パブリッシング)／『わくわく城めぐり ビギナーも楽しめる＜城旅＞34』萩原さちこ著(山と渓谷社)／各城郭・各市町村のオフィシャルホームページ

シリーズ 旅する日本百選 ①

名城を訪ねる旅
東日本編

第1刷 2021年8月16日

著者	「名城を訪ねる旅」製作委員会
発行者	田中賢一
発行	株式会社東京ニュース通信社 〒104-8415 東京都中央区銀座7-16-3 TEL 03-6367-8004
発売	株式会社講談社 〒112-8001 東京都文京区音羽2-12-21 TEL 03-5395-3606
印刷・製本	株式会社シナノ